ro
ro
ro

Alle Jahre wieder versuchen wir auf Biegen und Brechen, noch schnell die besten Erlebnisse und die größten Emotionen unterzubringen: Weihnachten soll der Höhepunkt familiärer Liebe und Besinnlichkeit sein, Silvester die fetteste Party des Jahres mit den coolsten Freunden und einem traumhaften Kuss unterm Mistelzweig. Und in der Zeit «zwischen den Jahren» wollen wir endlich mal zur Ruhe kommen oder wenigstens all das erledigen, was wir in den letzten zwölf Monaten erfolgreich verdrängt haben. Doch alle Jahre wieder kommt es dann ganz anders als geplant – gerade weil man eben diese Familie und diese Freunde hat und weil die Zeit zwischen Weihnachten und Silvester von aufreibend bis wahnsinnig zwar alles ist, aber selten besinnlich …

Mit Beiträgen von Renate Bergmann, Harald Braun, Dietrich Faber, Christian Gasser, Tobi Katze, Tania Kibermanis, Käthe Lachmann, Judith Luig, Sandra Lüpkes, Mia Morgowski, Tex Rubinowitz, Sören Sieg, Jessica Wagener, Edgar Wilkening, Jenni Zylka.

Inhalt

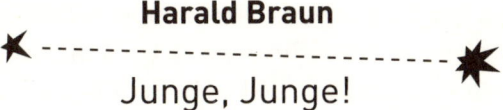

Junge, Junge!

Der Mann, der nur mal kurz Zigaretten holt und nicht wiederkommt. Jedes Jahr, wenn Kollege Ruhland mir «Frohe Weihnachten» oder «Ski heil» wünscht und ich auf dem Gang vor unseren Büros auf den Aufzug warte, wäre ich das gern: ein Untertaucher. Ein Mann ohne Ziel und Verpflichtungen, nur auf der Welt, um sich ein paar Tage treiben zu lassen. Ich weiß, dieses Gefühl wird sich erst wieder am ersten Montag des neuen Jahres ausschleichen, so wie ein aufdringliches Deo, das man sich in der Umkleidekabine eines Fitnessclubs eingefangen hat. Bis dahin wünsche ich mir insgeheim, meine Eltern wären schon lange tot oder ich würde irgendwo abgeschieden ohne Freunde und nennenswerte Vergangenheit auf einem indonesischen Archipel leben, hätte jedenfalls, und darum geht es, gute Gründe, die kommenden beiden Wochen einfach nur so vor mich hin zu existieren. Ohne Aufgaben, familiäre Verpflichtungen und die üblichen Rituale, ohne die man in dieser Zeit so schwer auskommt. Es gibt ja diesen Mythos, dass man besonders in der Zeit zwischen Weihnachten und Neujahr so gut zur Ruhe kommen und mal so richtig durchatmen kann – jedenfalls feine Tage erlebt, in denen man Kraft schöpft für die Anforderungen des neuen Jahres, das zwischen Vier-Schanzen-Tournee und *Dinner for One* schon draußen vor der Türe scharrt. Ich weiß nicht, wer diesen Komfort-Quatsch in die Welt gesetzt hat. *Ich* kenne niemanden, der *zwischen den Jahren* zur Ruhe kommt oder gar *entschleunigt*, um dieses Quarkwort aus der Wellness-Welt auch mal zu benutzen. Für *mich* beginnt in dem Moment, in dem ich an einem 22. Dezember des Jahres aus dem Büro auf die Straße trete, die hektischste Zeit des Jahres, fremdbestimmt und hastig. Wir reden da über gedrängte Termine, lange Autofahrten und große Erwartungen. Über eine intensive Phase im Leben, in der zwischen Tannenbaum und Bleigießen keine innere Ruhe auf mich wartet, sondern ein veritabler Tinnitus.

Das beginnt schon einmal damit, dass ich ein Heimkehrer bin. Heimkehrer sind Leute, die nach dem Abitur aus ihrer Heimatstadt weggegangen sind, um ein Studium in einer fremden Stadt zu beginnen, und dort aus Gründen geblieben sind, die einem selbst nicht mehr einleuchten. Sie haben einen Job, vielleicht sogar einen Partner, aber in der Regel keine Kinder, führen also ein beinahe vollständiges Leben in der Fremde. Das bewahrt sie aber nicht davor, schon im Oktober oder spätestens im November jeden Jahres die Anrufe der zurückgebliebenen Sippschaft und der alten Schulfreunde entgegenzunehmen. In meinem Fall ist der genaue Wortlaut variabel, unter dem Strich läuft es aber immer auf den als Frage getarnten Befehl hinaus: «Du kommst doch Weihnachten nach Hause, oder?!»

Mach ich das? Mir würden da schon ein paar reizvolle Alternativen einfallen. Sich mit allen Woody-Allen-Filmen der 80er Jahre im Wohnzimmer verschanzen und sieben Tage nur von Chips und Brause leben, zum Beispiel. Endlich die Knausgard-Bücher lesen, die schon seit Monaten auf meinem Nachttisch verstauben, vielleicht sogar mal die überfällige Steuererklärung machen. Okay, streichen Sie den letzten Satz. Aber es ist die Wahrheit: Ganz freiwillig kehre ich sicher nicht jedes Jahr nach Hause zurück. Was aber hat man denn für realistische Optionen, wenn man nicht von all seinen Freunden verstoßen und der Familie enterbt werden will: richtig. Nach Hause fahren. Auf vereisten Straßen durch die halbe Republik und diverse Staus, weil man es auch in diesem Jahr wieder versäumt hat, rechtzeitig ein Bahnticket zu besorgen. Beladen mit in letzter Sekunde erworbenen Geschenken und dem Gefühl, mehr Menschen in drei Tagen treffen zu müssen als im gesamten Rest des Jahres. Was aber, da macht man sich besser keine Illusionen, sowieso nicht klappen wird.

Jedes Mal, wenn ich Ende Dezember seufzend nach Eschweiler zurückkehre, einer, nun: eher betulichen Kleinstadt bei Aachen, in der ich über 20 Jahre gelebt habe und die ich auch heute noch als meine echte Heimat bezeichnen würde, nehme ich mir fest vor: diesmal nicht. Diesmal wirst du ganz lässig vor dich hin atmen, ein paar alte Freunde treffen und eine überwiegend schöne Zeit haben. Heiligabend wirst du im Kreise der Familie im Dämmer fortwährender Nahrungsaufnahme auf die Bewusstseinsstufe eines Gemüses abdriften und direkt nach dem 2. Weihnachtstag mit ein paar Leuten in den Skiurlaub starten – und auch den wirst du diesmal ausnahmsweise einmal genießen. Das wär's. Kann ja so schwer nicht sein. Relax. Ich habe eine gewisse Routine darin, mich selbst zu belügen … Doch insgeheim spüre ich schon ein paar Kilometer vor der Stadtgrenze, dass es so einfach nicht werden wird. So einfach wird es nie.

Über den gemeinsamen Kirchgang und das Essen am Heiligabend mit meiner Familie mache ich mir zu diesem Zeitpunkt noch die wenigsten Gedanken. Die Rituale innerfamiliärer Zuneigung und sozialer Kontrolle sind längst so weit institutionalisiert, dass hier im Prinzip keine unangenehmen Überraschungen zu befürchten sind. (Behalten Sie das mal ein paar Seiten im Hinterkopf. Es stimmt nicht …) Schwieriger, das denke ich jedenfalls in diesem Moment, wird es mit den alten Freunden. Mit den Menschen also, die mich mit 13 Jahren als spilleriger Pubertisten kannten, der Profifußballer werden wollte. Mit Leuten, die mich mit 18 Jahren ertrugen, als ich in meiner Freizeit ein überzeugter Salonmarxist war, und mit 23, als ich mich bei Suhrkamp um ein Praktikum bewarb, nur weil ich dachte, das neue Handke-Buch verstanden zu haben.

Es ist so: An jedem Heiligabend treffe ich mich mit ein paar alten Freunden in meiner Heimat, und zwar immer in derselben Kneipe: einem Laden namens Gürzenich. Früher war der Wirt dort Fluppes, ein adipöser Hobbit mit der Ausstrahlung einer Futterrübe, dessen Geschäftssinn nur noch von seinem Durst übertroffen wurde. Inzwischen wird das Gürzenich zwar von jungen Frauen betrieben, aber geändert hat sich hier wenig, seitdem ich vor Jahrzehnten hier drin Karneval und später mein Abi gefeiert habe. Der Mief von abgestandenem Bier wabert durch die verwinkelte Bierburg, schlichtes Kölsch ist der Verkaufsschlager des Hauses, und wer Hunger hat, wird raus in die Schnellengasse gescheucht, in irgendeinen Imbiss, der bei uns immer schon Frittebud hieß. Mehr Rendezvous mit der Vergangenheit geht nicht, wir reden hier über eine Inventur der eigenen Persönlichkeit. Hier begegnet man sich selbst wieder in einem Stadium, das man längst vergessen zu haben hoffte, gespiegelt in den Augen von ehemals engen, nahen Freunden, denen man auch Lichtjahre später nichts vormachen kann und die einem 20 Jahre oder länger dabei zugesehen haben, ein Mensch mit sichtbaren Konturen zu werden.

So ein Abgleich der frühen Ideale ist aber nur *ein* Problem auf der Weihnachtsreise in die Vergangenheit. Das nostalgische Treffen mit all denen, die nach dem Abi in die Welt ausschwärmten, um Entwicklungshelfer, Stewardess oder Arzt ohne Grenzen zu werden, birgt zwar die Gefahr, zum unwürdigen «Mein Haus, mein Auto, mein Swimmingpool» zu verkommen. Doch das ist – etwas Wohlwollen vorausgesetzt – ein lösbares Problem. Inzwischen haben wir ja alle eine gewisse Routine darin, den offiziellen Grenzverlauf der eigenen Existenz in barmherzigen, warmen Farben auszumalen. Das ist erlaubt, das tut niemandem weh. Viel unangenehmer aber ist die Erkenntnis, dass man am Abend vor Weihnachten in einer Spelunke mit alten Freunden hockt, denen man früher vertrauensvoll die Rohentwürfe der eigenen Persönlichkeit zugemutet hat und die heute nicht mal mehr begreifen, was im eigenen MP3-Player los ist. Es sind Leute, denen man bedenkenlos für drei Wochen die eigenen Kinder anvertrauen würde, mit denen aber jede Diskussion über Pegida, Helene Hegemann oder den Niedergang von Pep Guardiola sinnlos wäre. Es handelt sich um liebe Leute, die man aus ganzem Herzen mag, deren Leben man aber schon lange nicht mehr versteht.

Es sind Szenen aus dem absurden Kommunaltheater, über die ich gerne lachen würde.

«1500 Euro für drei Zimmer?», fragt Felix mit gespielter Entrüstung in der Stimme, «bei dir brennt ja wohl keine Kerze mehr am Baum! Soll ich dir mal verraten, was *mein* Haus gekostet hat, alles in allem?» Soll er natürlich nicht, aber Felix hat «gebaut», ganz in der Nähe seiner Eltern, und das ist eine spannende Begebenheit, die FK, Sabine und ich uns in allen Einzelheiten anhören müssen. Wir sind schließlich alte Freunde und haben zusammen Abitur gemacht. FK lebt derweil in München, und 1000 Euro sind für drei Zimmer Altbau im Glockenbachviertel ein amtlicher Tarif. Doch damit kommt er bei Felix nicht durch. Felix kennt die Preise. Er hat BWL studiert, früh geheiratet und würde vermutlich abstreiten, dass wir alle zusammen vor 15 Jahren mal ein leerstehendes Verwaltungsgebäude besetzen und zur Kulturfabrik ausrufen wollten.

«Bist *du* eigentlich noch politisch aktiv?», fragt Sabine. Ich zucke zusammen. Wir hatten damals ein wenig Ärger miteinander, weil sie sich bei der Volkszählung ein paar Mark dazuverdienen wollte und ich sie als Büttel einer faschistischen Überwachungsgesellschaft beschimpft habe. Inzwischen ist Sabine Lehrerin an unserem alten Gymnasium. Deutsch und Geschichte. Sogar ein paar alte Lehrer gehören zu ihrem Kollegium. FK verdreht die Augen. FK und Sabine sind früher mal ein paar Jahre «zusammen gewesen». Wie wir alle an diesem Tisch, anders zwar, aber *irgendwie* auch. Allein die Erinnerung daran hat heute etwas von einem

Arte-Themenabend. Irgendwie surreal, schwarz-weiß und grobkörnig.

«Verkaufst du immer noch Hundefutter?» FK, der seinen ambitionierten Eltern den Namen Friedrich-Karl verdankt, stöhnt auf: «Felix. Ich verkaufe kein Hundefutter. Ich verwalte den Etat des größten Tierfutterherstellers in Deutschland. Geht das in deinen Erbsenzählerschädel hinein?» Felix grinst seinen alten Freund FK milde an, der früher mal die Theater-AG an der Schule leitete und nach München ging, um Regisseur zu werden.

«Ja, klar, du machst *Reklame* für Frolic. Ist das nicht dasselbe?» FK arbeitet als Creative Director in einer Werbeagentur. Da werden Mitarbeiter, die das Wort «Reklame» auch nur aussprechen, geteert und gefedert. FK will schon antworten, doch dann hält er inne und lacht.

«Und bei dir? Kommt Mutti noch jeden Tag und holt die dreckige Wäsche ab?»

Vermutlich ist das so. Felix gibt die Wäsche bei seiner Mutter ab, Sabine ist mit unserem alten Mathelehrer per du, mein nachhaltigstes politisches Statement der letzten 10 Jahre war die Teilnahme einer Greenpeace-Pressereise auf die Galapagosinseln, und FK, der promovierte Kommunikationswissenschaftler, wirbt für Tiernahrung. Einen Moment herrscht Stille am Tisch. Wir lachen uns wortlos an, ein unerwarteter Augenblick der Harmonie. Vielleicht ist im Hintergrund sogar Barbra Streisand zu hören, «The way we were». Oder wahrscheinlicher bei 80er-Jahre-Gymnasiasten «Verdamp lang her» von BAP. Es ist der Moment, an dem alle am Tisch aufgegeben haben, im Karst unserer Geschichte nach einem verbindenden, nachhaltigen Element zu suchen, das sich benennen ließe. Es ist auch der Moment, wo wir Frieden schließen mit dem Versuch, unser eigenes Leben darzustellen wie den Jackpot in der Lotterie. Und, nicht zu vergessen: Es ist der Moment, an dem wir intuitiv erfassen, dass keiner von uns mit dem andern tauschen wollte. Allein *das* zu verstehen und die ganze Situation nicht für einen Beweis von Unreife oder intellektueller Minderbegabung zu halten, kostet jeden von uns ein paar Stunden aufgeregte Diskussionen, an jedem 23. Dezember. Danach ziehen wir weiter durch die wenigen anderen Kneipen in unserer Heimatstadt, dort wo man uns Heimkehrer mit Nachsicht behandelt. Wie Kriegsveteranen fühlen wir uns, die an den Ort ihrer frühen Schlachten zurückkehren und nach den alten Wimpeln in den Vitrinen suchen. Vermutlich lacht man uns insgeheim sogar aus, doch damit können wir nun, weit nach Mitternacht und beseelt von einem unvergleichbaren Gemisch aus Wermut und Wehmut, für ein paar Stunden gut leben. Das wahre Abenteuer unserer Rückkehr steht uns ja erst noch bevor: Wir sind nicht nur nach Hause, zurück in unsere alte Heimat gekommen – wir haben auch automatisch unsere alten Plätze wieder eingenommen. Das zeigt sich vor allem in den nächsten Stunden, wenn wir zu unserer Familie ins Elternhaus zurückkehren.

Eine meiner Lieblingsphantasien geht so. Stellen Sie sich die Villa des Bundespräsidenten vor, das Haus von Joachim Gauck. Wir sehen den Mann mit seiner Lebensgefährtin und zwei weiteren *noch* älteren Menschen am Tisch sitzen und Suppe in tiefen Tellern löffeln.

«Nicht so viel, Joachim», sagt die ältere Dame vorwurfsvoll, «und tu dem Papa mal zuerst auf, der wartet ja schon seit Stunden auf dich!»

«Mutter, tut mir leid», sagt dann unser Bundespräsident, «es ging wirklich nicht eher, ich musste mich doch im Bundestag noch mit dem Kanzler treffen und eine erbauliche Ansprache ans deutsche Volk halten, das wisst ihr doch!»

«Ach, Papperlapapp, du hättest dich wirklich etwas beeilen können, du weißt doch, dass dein Vater seine Mahlzeiten immer um Punkt 12 Uhr einnimmt. Und wie siehst du schon wieder aus? Kannst du kein vernünftiges Hemd tragen, wenn du *einmal* im Jahr bei uns hier zu Besuch bist?» Unser Bundespräsident seufzt dann gequält und verdreht die Augen. Hier endet meine Lieblingsphantasie regelmäßig. Zum einen weil ich über den gereizten Ausdruck im Gesicht unseres Präsidenten immer so kichern muss, zum andern aber weil meine Mutter schließlich ebenfalls die Antwort auf eine Frage erwartet, die sie mir gestellt hat.

«Hast du denn nichts anderes anzuziehen?» Es fehlt eigentlich nur noch, dass sie ergänzt:

«Was sollen denn die Nachbarn sagen, wenn du in diesem Aufzug Weihnachten feierst?»

Ja, was werden sie wohl sagen, wenn sie mich in einer ganz normalen Jeanshose (ohne Knielöcher!) und einem T-Shirt ertappen, auf dem ein alter VW Bulli abgebildet ist, in Gelb und Grün? Ist er farbenblind, ein Retrofreund, ist ihm nicht kalt, vermutlich. Skandalös. Ich verzichte darauf, meiner Mutter zu antworten. Stattdessen denke ich wieder an Joachim und muss lächeln … Jaja, ich gebe zu – zuweilen beame ich mich in Paralleluniversen, in denen *meine* Probleme von Dieter Bohlen, Franz Beckenbauer oder dem aktuellen Bundespräsidenten erledigt werden, jedenfalls von Leuten, die es nicht besser verdienen. Leider bringt das nur kurzzeitig etwas Erholung, denn wenn ich die Augen aufschlage, sind meine Eltern immer noch da. Und ich sitze auf ihrem Sofa, bei meinem jährlichen Besuch zu Weihnachten.

Verstehen Sie mich nicht falsch. Ich liebe meine Eltern. Ich habe mich 23 Jahre von und bei ihnen durchfüttern lassen und mich gemeinsam mit ihnen durch eine endlose Pubertät gekämpft, bevor ich das Hotel Mama verließ. Ich bin ihnen dankbar und werde sie bis ans Ende meiner Tage lieben. Zumindest 51 Wochen im Jahr. In der anderen, der fehlenden letzten Woche des Jahres, bin ich tatsächlich vor Ort – und das auch noch mit 50 in meiner vor gefühlten Jahrzehnten eingeführten Rolle als unverschämter Rüpel, der sein Zimmer nicht ordentlich aufgeräumt hat.

Geht das nur mir so? Bin ich der einzige Mensch auf der Welt, der sofort wieder zu einem bockigen Vierzehnjährigen retardiert, wenn seine Eltern bloß in der Nähe sind? Oder ist das nur mein Problem, und ich bin auf eine drollige Art zurückgeblieben? Jedes Mal nehme ich mir wirklich vor, ganz ruhig zu bleiben und superfreundlich, mitteilsam und milde interessiert. Ich freue mich schon auf eine Darbietung als perfekter Sohn, um den man sich sozial, aber auch finanziell keine Sorgen mehr zu machen braucht, der aber auch kein schnöseliger Besserverdiener geworden ist – ich stelle mir da gern die goldene Mitte aus gut versorgt, aber auf dem Boden geblieben vor. Das Nächste, was ich wahrnehme, ist allerdings mein genervter Aufschrei nach etwa fünf Minuten in der Gegenwart meiner Eltern.

«Mensch, Mama, jetzt lass doch endlich den dusseligen Feudel liegen und setz dich für einen Moment ruhig hin. Wir haben doch schon ewig nicht mehr miteinander geredet!» Oder, alternativ: «Nein, bitte räume den Tisch noch nicht ab, ich esse noch!» Hin und wieder blaffe ich auch meinen Vater an: «*Niemanden* im Büro kümmert es, dass ich mir einen Bart stehen lasse, mach dir da mal keine Sorgen …!»

Das kommt aber nur selten vor, weil ich ihn beim Zeitunglesen nicht stören möchte …

Natürlich meinen Vater und Mutter es nur gut. Weiß ich ja. Aber das heißt nichts. Mich regt es trotzdem auf, wenn sie unverdrossen auf meine vermeintlich mangelhafte Ausstattung an Lebenstüchtigkeit hinweisen: «Was heißt das, du hast keine *feste* Partnerin? Mal die und mal jene?» Das Kopfschütteln wird von einem geseufzten ‹Junge, Junge› begleitet. Und wird in der Regel mit dem Satz «Wir wünschen uns aber schon irgendwann mal Enkel, das weißt du doch hoffentlich?!» abgeschlossen.

Sie sehen es selbst: Weihnachten mit meiner Familie ist kompliziert. So ein bisschen wie Untersuchungshaft, und ich habe noch nicht mal das Recht, einen Anwalt einzuschalten. Wie soll man unter diesen Vorausetzungen *entschleunigen*? Unmöglich. Stattdessen spüre ich, wie mir schon nach ein paar Stunden in meinem alten Kinderzimmer das Adrenalin aus den Ohren schwappt. Gesund ist das nicht. Und dann dieser Irrglaube, dass die eigene Brut ständig Hunger leidet! Meine Familie ruft in der Weihnachtszeit etwa sechs verbindliche Essenszeiten am Tag auf, die sich an den Abläufen eines gemeinen Klinikalltags orientieren und gefühlt nahtlos ineinander übergehen. Wehe, ich ziehe da nicht mit.

«Du bist wohl aus der Stadt was Besseres gewöhnt», spricht meine Mutter gewollt nachsichtig oder auch: «Na ja, du kommst ja auch in ein Alter, wo man ein bisschen aufpassen muss!» Es ist der Tonfall, der mich in Sekundenschnelle hochgehen lässt wie ein Polenböller. Es ist der gleiche Tonfall, in dem ich vor 25 Jahren aufgefordert wurde, nicht nach Einbruch der Dunkelheit nach Hause zu kommen, die Musik leiser zu drehen und mir endlich mal wieder die Haare schneiden zu lassen. Finden Sie es unter diesen Umständen nicht auch entschuldbar, dass ich schon nach wenigen Stunden daheim zu einem Pitbull werde, der gerade seinen Charaktertest in den Sand setzt?

Okay, ich weiß, es sind nur ein paar Tage, und ein so reifer Erwachsener wie ich sollte in der Lage sein, für diesen kurzen Zeitraum auf die Zähne zu beißen. Es klappt trotzdem nicht. Meine Eltern kennen die Codes, die mich innerhalb von Sekunden zum Kochen bringen. Und sie setzen sie auch ein: Es scheint ein Naturgesetz zu sein, dass der Erziehungsauftrag von Eltern niemals endet. Das macht es nicht einfacher. Die vermeintlich harmlosesten Bemerkungen können nackte Raserei hervorrufen:

«Du siehst ja schlecht aus, Junge, ist wohl spät geworden gestern Nacht mit deinen Freunden?» Aaaaargh!

Ist die Besuchszeit in der alten Heimat dann endlich abgelaufen, bleiben auf beiden Seiten Irritationen zurück.

«Junge, Junge, wirst du denn nie erwachsen?», fragen sich meine Eltern nonverbal, aber spürbar und schütteln noch in der Türe ihre Häupter, im befriedigenden Bewusstsein immerhin, dass sie dem *Jungen* in den zurückliegenden 72 Stunden wenigstens was Vernünftiges auf den Teller geladen haben. «Nur weg hier …», antworte ich derweil ebenso nonverbal und einigermaßen verdrossen *vor* dem Haus, während ich mich umdrehe und noch mal lächelnd Richtung Fenster grüße, an dem meine Eltern stehen und synchron winkend warten, bis ich außer Sicht bin, für die nächsten 51 Wochen.

Ein Besuch in der alten Heimat zwischen den Jahren ist anstrengend. Danach bin ich jedes Mal so erschöpft, dass ich denke: Jetzt bin ich wirklich urlaubsreif. Dann fällt mir ein, dass ich doch tatsächlich jetzt Urlaub habe, zumindest auf dem Papier. Einen kurzen Moment lang währt die Freude darüber, dass ich meine Retro-Rolle als tendenziell problematischer Sohn im Haus meiner Eltern nun wieder in einem Winkel meines Bewusstseins verstauen kann, wo sie in aller Stille verblassen kann wie eine alte Schwarz-Weiß-Fotografie, die man einmal im Jahr anschaut. Doch dann wird mir klar, dass auch die freien Tage, die sich jetzt anschließen, nicht frei von Fallstricken sind.

Ich reise in den Schnee, wie man so sagt, erneut Hunderte Kilometer mit dem Auto durchs ganze Land. Das Ziel ist eine Hütte in der Schweiz, in Bayern oder Österreich, das wird jedes Jahr aufs Neue entschieden. Ich treffe mich dort mit ehemaligen Studienfreunden, die in ganz Europa versprengt sind und die ich in der Regel nur einmal im Jahr sehe, in der Woche zwischen dem 2. Weihnachtstag und Neujahr. Unsere gemeinsame Reise würde zu keinem anderen Zeitpunkt klappen. Wir haben zu komplizierte Jobs, leben zu weit auseinander, bedienen unterschiedlichste

Verpflichtungen. Nur *zwischen den Jahren* ist es überhaupt möglich, dieses Projekt unter einen Hut zu bringen. Darüber, dass der ganze Aufwand sich lohnt, besteht allerdings Einvernehmen. Es klingt ja auch toll, theoretisch. Eine Woche sorgloser Spaß auf Skiern, dazu Komfortprogramm in einer romantischen Hütte mit Freunden – verspricht das nicht großen Sport, reine Idylle und unvergessliche Momente? Nun, vielleicht denken Sie noch mal drüber nach …

«Was soll DAS denn sein?», fragte Pelle fassungslos, was einigermaßen überraschend ist, denn als Pathologe dürfte er schon viele schreckliche Dinge gesehen haben. Der Anblick von Spaghetti mit Salamistreifen, Maispampe und dickflüssiger Sahnesoße gehörte bis zu diesem Abend nicht dazu. Auch der Rest der großen Runde, die sich zum Abendessen am großen Tisch vor dem Kamin versammelt hatte, wusste nicht so recht, was sie von den dargebotenen Köstlichkeiten halten sollte.

«Sieht aus wie das Zeug, mit dem ich meine Fahrradkette öle», fand Olli, und Karina ging noch einen Schritt weiter: «Das verstößt doch bestimmt gegen alle kulinarischen Konventionen, die von der EU erlassen worden sind?» Carsten zuckte nur mit den Schultern.

«Ich habe euch gleich gesagt, dass ich kein zweiter Jamie Oliver bin!»

«Nee, du bist nicht mal Tim Mälzer seine Mutter!», ätzte Pelle zurück.

Carsten zuckte mit den Schultern.

«Der Einkauf hat versagt!»

Er blickte auf Bine und Britta, die aussahen, als würden sie sich am liebsten unter den Tisch verkrümeln.

«Hackfleisch hatten die halt im Laden nicht mehr, und da mussten wir halt ein wenig improvisieren.»

«Ihr habt Salami mitgebracht!», sagte Pelle fassungslos, «Salami! Zu Nudeln. Geht's noch?»

Gegessen wurde an diesem Abend in unserer Skihütte dann wirklich nicht so viel. Stattdessen trank unsere hungrige Truppe etwas mehr. Im Alkohol sind ja auch Nährstoffe. Allerdings war auch unser Kompensations-Gelage nicht frei von Komplikationen, wie sich erweisen sollte: Aufgrund von Kommunikationsproblemen im Vorfeld der Reise waren zwar etwa 10 Flaschen Martini aus allen Teilen Europas in die Berge geschafft worden, aber nur *ein* Kasten Bier. Der logistische Gau, bereits am ersten Abend der gemeinsamen Hüttensause. Überraschend? Nicht für mich. Ich mache diese Reise ja schließlich schon seit Jahren mit. Nie klappt irgendetwas reibungslos. Nicht mal im Ansatz. Ich kann Ihnen sagen: Logistische Stolperfallen und soziale Tücken lauern bei solch einer Unternehmung wirklich überall.

Dabei freuen wir uns schon im Herbst wie Bolle, schicken Fotos herum und mailen uns muntere WhatsApp-Nachrichten zu. Vor dem geistigen Auge aller Beteiligten erscheinen freudvolle Bilder von sonnigen Skitagen und romantischen Hüttenabenden vor dem Kamin. Alles klingt noch zwei Wochen vor dem Event selbst nach einer ganz großartigen, unkomplizierten Zeit. Die kleingedruckten Spielregeln solch eines Projekts werden in dieser Phase des Unternehmens einfach ignoriert. Dass wir beispielsweise *nicht* Silvester feiern, um keine Dramen auszulösen, die stets zum Jahreswechsel drohen. Auch wird der Begriff «Selbstversorger-Hütte» mit Vokabeln wie «Küchendienst», «Einkaufsliste» oder «Putzplan» überhaupt nicht in Verbindung gebracht. Und das sind nur Marginalien im Vergleich zu den Problemen, die im Kontext unserer Lustreise für gewöhnlich auftauchen.

Allein die Zusammenstellung der idealen Reisegruppe ist eine Aufgabe, an der so mancher Friedensrichter scheitern würde. Hat man erst mal einen Organisator bestimmt, der in den Monaten vorher einen großen Teil seiner Tagesfreizeit opfert, um einen Schwung undankbarer Karpeiken unter einen Hut zu bringen, tauchen schon die ersten Fragen auf: Wer passt zu wem, wie stehts mit der Mann/Frau-Quote, und ist XY nicht ein zu großes Sicherheitsrisiko in Bezug auf Sozialfähigkeit, Körperhygiene und intellektuelle Minimalanforderung?

Je näher der Termin rückt, umso emsiger entwickelt sich der allgemeine E-Mail-Verkehr. (Wie konnte man solch eine Gruppenreise bloß früher organisieren, ohne verrückt zu werden?) Kurzfristige Absagen trudeln ein, Ersatzkandidaten werden gesucht, die Absager können dann plötzlich doch, sodass unsere Hütte plötzlich überbucht ist wie ein Ryan-Air-Flug nach Mallorca.

In der «WhatsApp»-Gruppe werden derweil entscheidende Fragen diskutiert:

«Kann ich den Hund mitbringen?»

«Ist Sauna nur nackt erlaubt?»

«Kann ich ein Einzelzimmer haben?»

Informationen zum Ort des Geschehens werden in die Runde geworfen («Das hat da zwischen Weihnachten und

Neujahr noch NIE guten Schnee gehabt!»), und erste Duftmarken werden gesetzt: «Ich gehe mal davon aus, dass in der Hütte überall geraucht werden darf.»

Es ist ein Wunder, dass sich die Hälfte aller Leute nicht schon vor dem Antritt der Reise heillos verkracht hat. Eine Woche vor Ultimo stehen dann etwa 20 mehr oder minder freudig erregte Ski- und Snowboard-Freunde mental in den Startlöchern und müssen jetzt nur noch dieses *Weihnachten* überstehen, ohne sich der Völlerei auszuliefern. Natürlich haben es 16 von 20 Teilnehmern aus unterschiedlichen Gründen wieder nicht geschafft, ihren längst fälligen Obolus für Anreise und Hausmiete zu entrichten. Das macht vor allem *mich* nicht fröhlich, denn schon wie in den Jahren zuvor bin ich auch diesmal wieder zum Cheforganisator bestimmt worden und musste die gesamte Summe für die Miete der Hütte vorstrecken. Zudem verwandte ich erneut einen amtlichen Teil meiner Freizeit in den letzten Wochen allein darauf, eine adäquate Unterkunft zu suchen. Die Erfahrung zeigt, dass die ersten 15 Vorschläge ohnehin abgelehnt werden: zu klein, zu groß, zu teuer, zu runtergekommen, zu kleines Skigebiet, zu schweres Skigebiet, zu studentisch, zu nobel, keine Sauna, keine Terrasse, kein Kamin …

Erst die Rundmail mit der Andeutung, den Krempel einfach hinzuwerfen, sorgt dann doch noch für eine (knappe) Mehrheitsentscheidung. Meistens einigt man sich in solchen Fällen auf den allerersten Vorschlag.

Natürlich gibt es am Tag der Ankunft in der Hütte dann trotzdem die üblichen Irritationen. Vierbettzimmer? Gemeinschaftsduschen? Brennholz nur im Ort? Skipass nicht inklusive? Ach so …

Menschen, die in der Heimat auf 120 Quadratmeter saniertem Altbau residieren und über drei Bäder für zwei Personen verfügen, sehen sich plötzlich existenziellen Fragen ausgesetzt: Was sollen wir in dieser Jugendherberge? Mit wem, zum Teufel, bin ich auf dem Zimmer gelandet, habe ich überhaupt einen Schlafanzug dabei? Und wo sind hier die Steckdosen, damit ich Handy, iPod und Notebook aufladen kann? Es dauert in der Regel ein bis zwei Tage, bis sich auch saturierte Anwälte, IT-Nerds und wohlhabende Stadtplaner mit der Zeitreise in alte WG-Zeiten arrangiert haben und den Charme einer zugigen Vollholzbehausung aus dem 18. Jahrhundert für sich entdeckt haben, die weder über Zentralheizung noch über eine funktionierende Spülmaschine verfügt. In der Regel ist der Küchendienst für die kommende Woche dann schon eingeteilt, das morgendliche Brötchen-Kommando nominiert und alle Skipässe im Ort besorgt worden. Jetzt könnte der Spaß im Schnee eigentlich losgehen!

Leider drohen auch hier wieder Unwägbarkeiten. Das Wetter. Oder die Schneeverhältnisse. Ein oder zwei Tage schlechtes Wetter sind auf einer Skireise für niemanden ein Problem, denn schließlich wollte man ja ohnehin mal wieder ein gutes Buch lesen. Nach dem zweiten Tag aber, an dem 20 Menschen auf 80 Quadratmetern zusammengepfercht werden, stellen sich dann aber schon erste Anzeichen eines kollektiven Hüttenkollers ein. Lustige Gesellschaftsspiele, in denen Uni-Professoren beim TABU «Swingerclub» vortanzen oder Logopädinnen sich gelbe Post-its auf die Stirn kleben, auf denen steht, dass sie Zsa Zsa Gabor oder Beatrix von Storch seien, gehören da noch zu den harmloseren Ver-

gnügungen. Ich wohnte auf Skihütten schon einem Luft-
gitarren-Contest bei und durfte erleben, wie verhinderte
Snowboarder ihrem Bewegungsdrang Ausdruck verliehen,
indem sie aus dem zweiten Stock hinunter in den Schnee
sprangen, zu den Klängen von «Highway to hell».

Auch für die Sozialhygiene ist so ein Hüttenurlaub eine
echte Herausforderung, selbst bei idealen Schneebedingun-
gen. Es ist halt ein Unterschied, ob man die komödianti-
sche Ader eines entfernten Bekannten und Exstudienkolle-
gen früher einmal im Monat erlebte oder ob man dessen
rheinischer Frohnatur eine sehr lange Woche schon beim
Zähneputzen ausgeliefert ist. Auch die endlose Après-Ski-
Polonaise zu den Klängen von «Viva Colonia» einmal durch
die Hütte dürfte nicht nach jedermanns Geschmack sein –
zumal dann, wenn gerade erst die letzten Kräfte bei der
Hausmusik vor dem heimischen Tannenbaum mobilisiert
worden waren. Selbst alte Freundschaften werden in solch
einer emotionalen Gemengelage auf eine harte Probe gestellt. Dementsprechend tief sind die erleichterten Seufzer,
wenn nach einer Woche der Berg zum letzten Mal gerufen
hat und sich die Meute zur Abreise in alle Himmelsrichtun-
gen versammelt. Ich wette, die meisten der Menschen, die
sich dabei innigst in den Arm nehmen, denken: «Das tue
ich mir nächstes Jahr aber echt nicht mehr an.»

Ich für meinen Teil bin mir da nicht so sicher. Auf der
langen Fahrt nach Hause – ohne Musik, in vollkommener
Stille – kehrt langsam wieder die Person in meinen Körper
zurück, mit der ich den überwiegenden Teil des Jahres prima auskomme und die jetzt einige Tage hinter einem ober-
flächlichen Firnis aus Ritualen, reflexartigen Sozialgesten

und ambitionierten Entwürfen meiner Persönlichkeit versteckt werden musste. Ich stelle mir vor, wie ich am kommenden Montag im Aufzug hoch ins Büro fahre und auf die Frage des Kollegen Ruhlands, ob ich gut ins neue Jahr gekommen bin, lächelnd antworte: «Turbulent, aber beseelt.» Ein Teil von mir, das weiß ich jetzt schon, wird das sogar glauben. Junge, Junge ...

Sandra Lüpkes

Das Ende des Jahres am Rande der Welt

An de Rand van de Welt voor Ostfreeslands Küst
liggt verdrömt in de See uns Töwerland Juist
Maak dat Haart uns so riek vull Freid un vull Lüst
denn uns Leev is so groot to uns Eiland uns Juist
(Juister «Nationalhymne»)

Es gibt ein Ranking. Auch wenn es vor Ort wahrscheinlich niemand zugeben wird, schließlich wäre es ja auch ein bisschen peinlich, wenn herauskäme, dass wir die Touristen, die das Jahr über auf unsere Insel pilgern, in Kategorien einteilen. So etwas gehört sich nicht. Wir tun es aber trotzdem, da kann ich als ehemalige Insulanerin und Gastgeberin aus dem Nähkästchen plaudern.

Wir ertragen die «Pfingstochsen» (meist Söhne und Töchter reicher Eltern, die sich zum lautstarken Feiern im *Köbes* treffen) und lieben die bescheidenen «Karnevalsflüchtlinge» (über die man kaum etwas schreiben kann, weil sie so unaufdringlich sind, man nimmt sie gar nicht richtig wahr). Wir sorgen dafür, dass es in der Nebensaison besonders gemächlich zugeht, sobald die «Dreibeinigen» anreisen. Die «Nordrhein-Vandalen» wollen sich immer von der ersten Sekunde an sofort bitte schön ganz besonders effektiv erholen, und die «Schwaben» zahlen denselben Preis nur, wenn er ihnen als Sparangebot unterbreitet wurde. Ja, es gibt eine Typologie der Nordseeurlauber. Sicherlich klischeebeladen, aber unseren Erfahrungswerten geschuldet. Jeder kriegt sein Fett weg. Und alle sind herzlich willkommen.

Insbesondere die Silvestergäste. Das sind die mit den dicken Koffern. Ölzeug muss nämlich auf jeden Fall in die Reisetasche, wenn man am 28. oder 29. Dezember Richtung Nordsee fährt. Ein knallgelber Südwester dazu. Feste Handschuhe aus wasserabweisendem Material. Ein Schal mit guter Wolle, den man mindestens dreimal um den Hals wickeln kann. Grobes Profil unter den Sohlen. Fleece! Unbedingt Fleece! Nicht zu vergessen einen Flachmann, der in die Innentasche passt, gefüllt mit Rum (40 %), auf dem Etikett sollte mindestens ein Pirat abgebildet sein.

Winterkoffer sind praller als die, die im Sommer gepackt werden. Obwohl der Silvestergast bloß vier oder fünf Nächte auf der Insel zu bleiben gedenkt, hat er mehr Kram dabei als für zwei lange Wochen im August. Denn zwischen den Strickpullovern, den Nierenwärmern und den langen Unterhosen verstaut er auch die Erwartung auf richtig ungemütliches Wetter. Der Silvestergast wünscht sich Windstärken im zweistelligen Bereich, denn dann kann er sich gegen den Sturm lehnen und witzige Videos drehen. Oder später berichten, dass der Südwester vom Kopf geweht ist, zack, weg war das Teil, so schnell konnte er gar nicht hinterherlaufen. Dazu werden vielleicht spektakuläre Dünenabbrüche in der Nähe des *Hammersees* geboten, freigelegtes Wurzelwerk taugt wunderbar als Fotomotiv.

Und wenn er ganz unbescheiden ist, hätte der Silvestergast auch gern mal einen gestrandeten Wal vor der Linse – wenn der bereits stinkt, lieber etwas weiter draußen im Westen, denn es gibt ja noch keine Geruchskamera, und die Ausdünstungen eines verendeten Meeressäugers sind einfach unbeschreiblich. Damit ließen sich die Daheimgebliebenen aber mächtig beeindrucken! Aufnahmen, in denen der Silvestergast in Gummistiefeln zwischen den Rippenbögen von Moby Dicks Bruder posiert, verleihen ihm die Aura eines echten Exoten. Da können die Freunde, die es langweilig zum Skifahren in die Berge getrieben hat, alle einpacken.

«Wir sind zwischen den Jahren immer auf *Töwerland*.»

«Ein Skigebiet im Kleinwalsertal?»

«Nein, eine Insel in der Nordsee.»

«Nie gehört.»

«*Töwerland* ist plattdeutsch und bedeutet Zauberland.»

«Sagt mir nichts.»

«Das ist der Spitzname unserer Lieblingsinsel Juist.»

«Sylt?»

«Nein, Juist.»

«Wo ist das?»

«Am Rand der Welt.»

Am Rand der Welt gibt es keine Galaabende mit sieben Gängen, sondern nur einen Gang am Nachmittag. Und der geht acht Kilometer am Strand entlang bis zur *Domäne Bill*, wo der Rosinenstuten mit dick Butter drauf sowieso besser schmeckt als alles andere, was man je gekostet hat. Hier trinkt man Bier aus Flaschen statt Champagner, singt im

Silvestergottesdienst in der Inselkirche alte Seefahrer-Choräle, statt sich von einer Top-40-Band mit einem schlimmen Helene-Fischer-Medley in Stimmung bringen zu lassen. Es kreisen zum Jahreswechsel keine hupenden Autokorsos um den Kurplatz, weil hier nur Pferdekutschen, Fahrräder und Bollerwagen unterwegs sind.

Um Mitternacht steht der Silvestergast oben auf der höchsten Düne neben dem Wasserturm und schaut Richtung Festland, wo die Feuerwerkskörper von Norddeich, Greetsiel und Eemshaven den Nachthimmel erleuchten.

Klar, auch auf Juist gibt es Böller. Es gibt ja auch uns Einheimische. Und wir finden es toll, wenn es mal knallt und blitzt und stinkt. Meistens geschieht das mitten in der «City», denn nur wenige Eingeborene verlassen am letzten Abend des Jahres freiwillig ihr gemütliches Zuhause und schaffen es um zwölf Uhr nachts bestenfalls kurz vor die eigene Tür. Schließlich sind die Restaurants und Kneipen voll mit Gästen, darauf hat man bei aller Liebe keine große Lust. Insbesondere die Wintergäste sind immer ganz scharf darauf, echte Insulaner zu treffen und mit ihnen Küstennebel zu trinken. Entsprechend wird man neugierig von oben bis unten gemustert und muss Fragen beantworten wie: «Ist das nicht unheimlich schön, auf einer Insel zu leben, man kann schließlich jederzeit an den Strand gehen?» Sobald man dies wahrheitsgemäß beantwortet («Na ja, ehrlich gesagt bin ich in den letzten 365 Tagen vielleicht viermal auf der anderen Dünenseite gewesen, zu viel um die Ohren»), wird man nämlich in ein Gespräch verwickelt.

«Aber wenn Sie Fernweh bekommen, stehen Sie doch bestimmt am Meer und schauen auf den Horizont, stimmt's?»

«Nein, wenn ich Fernweh habe, gehe ich zur Wattseite und schaue zum Festland rüber. Meer haben wir hier genug, unsere Sehnsucht gilt eher Dingen wie Wochenmärkten oder Einkaufspassagen, kombiniert mit einer Prise Benzin um die Nase.»

Da sind die Gäste schon ein bisschen enttäuscht. Und da man ihnen diese Desillusionierung ersparen möchte, werden direkte Zusammenkünfte eher vermieden. Es gab sogar mal eine Kneipe, in der sich ausschließlich Insulaner treffen durften. Ließen sich trotz Hinweisschild ein paar hartnäckige Gäste nicht davon abbringen, ausgerechnet dort ein Bier trinken zu wollen, dann hat der Wirt kurzerhand eine Nebelmaschine aktiviert, die unter der Sitzbank installiert war.

Ach, und übrigens: Ich kenne keinen einzigen Einheimischen, der gern Küstennebel trinkt. Insulaner sind auch nur Menschen.

Der kernige Silvestergast geht natürlich ständig an den Strand, schaut nach oben und beteuert zum x-ten Mal, dass man hier die Sterne viel deutlicher sehen kann, weil keine künstliche Illumination deren Licht beeinträchtigt. Zwischen den Sternbildern *Großer Wagen* und *Kassiopeia* funkelt der Polarstern, der hellste von allen. Er weist exakt gen Norden und scheint zum Greifen nah. Am nächtlichen Strand wird man eingenordet, ganz ohne GPS. Ein gutes Gefühl zu wissen, wo man steht, insbesondere zum Ende des Jahres.

Überhaupt wird hier einiges klarer. Eine Stunde Strandspaziergang im Dezember, und der Kopf ist restlos freigepustet. Die Lunge auch, Brandungsaerosole füllen den Körper mit Natrium, Kalium, Kalzium sowie Brom, Jod und Fluor, man ist sozusagen randvoll mit frischer Luft. Der kalte Wind, der einem ins Gesicht schlägt, reibt sich auf der Haut, Salzkristalle und fliegender Sand schmirgeln sie glatt wie ein teures Peeling. Da können noch so viele Jahre ins Land gehen, hier fühlt man sich für immer jung. Und grenzenlos frei.

Bis zu einem bestimmten Punkt jedenfalls. Bis zum Neujahrstag nämlich, wenn die zermatschten und anschließend gefrorenen Böller der Insulaner zwischen den im selben Aggregatzustand befindlichen Pferdeäpfeln liegen. Da kippt die Stimmung. Denn immer am Neujahrstag schlägt der Wind um. Dreht auf Ost. Und da bleibt er dann auch eine ganze Weile.

Warum das so ist, sollte wirklich mal erforscht werden. Meteorologen aller Welt, vergesst *El Niño*, schaut lieber mal am 1.1. Richtung Nordsee und erklärt der Menschheit, warum an genau diesem Tag stets eine stabile Ostwindlage herrscht.

Im Grunde ist Ostwind ja überhaupt nichts Schlimmes, im Gegenteil: Der Himmel wölbt sich beinahe unnatürlich blau über dem Meer, die hellweißen Sonnenstrahlen sorgen für Farben wie mit Photoshop nachbearbeitet. Und bei Ostwind lassen sich am Spülsaum besonders viele Bernsteine zwischen den Muscheln finden, braunorange leuchtet ihr versteinertes Harz im Sand, es lohnt sich also, auf Schatzsuche zu gehen.

Doch für die Insel hat das Hochdruckgebiet weitreichende Folgen: Der Wind drückt das Wasser seewärts, die Flut läuft nur noch spärlich auf, das Meer verschwindet. Wenn dann noch *Nipptide* ist – also Mond und Sonne im rechten Winkel stehen und die Gravitationskräfte gegeneinanderwirken –, herrscht sozusagen ewige Ebbe. Minusgrade lassen das wenige Wasser zu dünnen, porösen Eisschollen gefrieren. Jeder Kapitän an der Nordseeküste weiß jetzt Bescheid: demnächst steht Zwangsurlaub an. Nur ein, zwei Tage später liegt das Watt wie eine kristallene Wüste zwischen Juist und dem Festland, und die Fahrrinne der Schiffe wird unpassierbar. Nichts geht mehr. Der Silvestergast muss bleiben, wo er ist. Wird sozusagen festgefroren am Rand der Welt.

Da mag zu Hause die Firma warten, die Schule wieder losgehen, der Briefkasten überquellen – er hängt auf Juist fest. Punkt.

«Keine Chance, wir kommen nicht mehr von der Insel runter», schreibt er dramatisch an die Daheimgebliebenen. Und wünscht sich, er könnte beeindruckende Bilder schicken von dieser Naturgewalt, der er so plötzlich ausgeliefert ist. Doch leider sieht es alles furchtbar harmlos aus: Eine glatte See, in der sich Vogelschwärme spiegeln, wirkt wenig bedrohlich. Das Gegenteil von Sturmflut quasi. Und doch so mächtig.

Fliegen wir nicht bis zum Mond, demnächst sogar zum Mars? Dann kann doch so ein bisschen Niedrigwasser und Eisgang kein unüberwindbares Problem darstellen. Denkt der Silvestergast. Apropos Fliegen: «Juist hat doch einen Flugplatz», wissen die Lieben zu Hause. «In fünf Minuten ist man in Norddeich, ein kleiner Hüpfer mit der Propellermaschine, und du bist frei.»

Als ob das alles so einfach wäre. Natürlich gibt es die Inselflieger. Und die reiben sich selbstverständlich im Januar die Hände, weil schon in den ersten Tagen der beste Umsatz des Jahres eingefahren (besser: eingeflogen) wird. Die sind fleißig, starten und landen im Zwanzig-Minuten-Takt, alle Maschinen zum Festland vollbesetzt. Am Himmel über Juist brummt es gewaltig. Trotzdem ist das nicht die erhoffte Lösung für den Silvestergast. Denn mehr als neun Passagiere finden in einer *Britten Norman Islander BN-2B20* nun mal keinen Platz, von den bereits erwähnten sehr großen Koffern, die der Silvestergast wieder mit zurücknehmen will, ganz zu schweigen. Zudem wird es um diese Jahreszeit spät hell und früh dunkel. Mehr als 400 Leute bekommt man in diesen kurzen Tagen nicht über das Watt transportiert, selbst wenn zehnmal so viele Menschen ungeduldig auf ihre Evakuierung warten.

Am kleinen Flugplatz, der ganz im Osten der Insel malerisch zwischen Dünen und Hellerwiesen liegt, spielen sich unschöne Szenen ab. Da wird mit Geldscheinen gewedelt: «Ich zahle auch das Doppelte, das Dreifache, Hauptsache, ich kann hier weg!» Doch friesische Piloten sind natürlich erfreulich stur und absolut unbestechlich (denn mal ehrlich, wenn es ihnen ums Geld ginge, hätten sie sich womöglich einen anderen Job gesucht – wer wird schon Pilot, um tagein, tagaus von Norddeich nach Juist zu hüpfen, ganz ohne Stewardessen und Weltenbummlerallüren?). Da werden akute Krankheiten simuliert (sehr beliebt: Herzrhythmusstörungen durch den plötzlichen Wetterumschwung) und einige Großmütter (oder Schwiegermütter, Hunde, Wellensittiche) als plötzlich verstorben deklariert. Es nützt nichts. Die Fluggesellschaft hat eine akribische Warteliste angelegt, und wer da ganz hinten steht, muss mitunter zehn Tage Inselaufenthalt dranhängen.

Da verpufft das Gefühl von Freiheit, und plötzlich wirkt die Insel schrecklich klein. Ein *Alcatraz* in der Nordsee. Der Deich eine Mauer, die Dünen Grenzgebiet. Kein Entkommen nirgendwo. Es ist nicht zum Aushalten.

Der kleine Supermarkt an der Ecke, der dem Silvestergast am 29.12. noch urig erschien – «Was soll's, das Nötigste haben sie, und mehr brauchen wir nicht hier auf der Insel» –, offenbart am 3.1. plötzlich sein wahres Gesicht: «Kein Fleisch! Kein Gemüse! Keine Frischmilch!» Ja, wie denn auch, wenn der Frachter mit den Lebensmitteln ebenfalls nicht übers Watt kommt? Ich erinnere mich genau an meine erste Schwangerschaft, als ich während einer solchen Ebbe-Zeit furchtbaren Appetit auf Bananensplit-Eis verspürte. Ich hätte meine Seele dafür verkauft. Doch im Supermarkt gab es keine Bananen. Noch nicht einmal Bananenchips. Vanilleeis? Auch Fehlanzeige. Also hab ich damals meine Seele behalten, mich den Gegebenheiten gefügt und ziemlich gelitten.

Halb so wild, denkt der Silvestergast, ich kann ja immer noch ins Restaurant gehen. Klar, aber er sollte ziemlich früh da sein, um einen Platz zu ergattern, denn die allermeisten Gastronomen schließen spätestens am 4.1. ihre Pforten. «*Betriebsferien. Wir freuen uns, Ostern wieder für Sie da zu sein!*» Nein, die Insulaner sind nicht unflexibel oder unfreundlich zu notleidenden Gästen. Sie sind einfach geschickte Geschäftsleute und haben ihre Speisekammern bloß für die Feiertage gerüstet. Die Scampis sind aus. Der Rucola auch. Frische Nordseescholle? Im Winter? Soll das ein Scherz sein?

Plan B, dann eben stattdessen im Kino das Hungergefühl

mit Popcorn und Eiskonfekt zu stillen, ist auch nicht bis ins letzte Detail durchdacht. Denn die *Insellichtspiele* verdunkeln sich am 5.1., keine Filme bis Ende März. Wer glaubt denn ernsthaft, dass hier auch im Winter immer die neuesten Blockbuster gezeigt werden? Unter uns paar Insulanern sind kaum Cineasten. Wir können auch Fernsehen gucken, das muss reichen.

Für die Silvestergäste unterbrechen wir Insulaner unser winterliches Treiben, lassen die Jalousien hoch, heizen die Ferienwohnungen, füllen die Kühlschränke, reden hochdeutsch.

Ansonsten ist der Inselwinter nun mal der Inselwinter. Gleichzeitig öde und stressig. Öde, weil nichts aufhat. Und stressig, weil man eben trotzdem manchmal was braucht, frische Bananen zum Beispiel und Vanilleeis. Das, was die Silvestergäste zwischen den Jahren erleben, ist etwas völlig anderes, sozusagen Inselwinter light. Der *Frische-Waffeln-und-Sanddorngrog-Winter*. Der *Insulaner-singen-in-Seemannshemden-Shantys-vor-dem-Rathaus-Winter*. Im echten Inselwinter werden die Pferdeäpfel nicht vor Sonnenaufgang von den Straßen gefegt, da gibt es keinen *Super-Relax-Tag* in der Sauna, auch keinen halbwegs bekannten Kabarettisten im *Haus des Kurgastes*, noch nicht einmal der Gospelchor tritt auf.

Als Unterhaltungsprogramm könnte der Silvestergast sich beispielsweise ein paar Stunden lang eine Baustelle anschauen, denn die gibt es hier auch nur außerhalb der Saison, wenn man zwischendurch mal ein bisschen Krach machen darf. Betonmischer, Rüttelmaschine, Flex und Abrisshammer bestimmen den Soundtrack der kalten Monate.

Als Geheimtipp lohnt es sich, eine Ratssitzung zu besuchen, wenn dort die Sanierung der öffentlichen Strandtoiletten besprochen wird. Oder eine Mitgliederversammlung des Segelclubs, wo wir Insulaner uns traditionell darüber streiten, wie wir die Verschlickung des Hafenbeckens in den Griff kriegen. Auch für die zwischenmenschlichen Dinge bleibt jetzt Zeit: verlieben, betrügen, sich trennen, geboren werden, sterben – all das geschieht in erster Linie im November, Januar, Februar und März, nur dann ist Zeit für so was. Und der Silvestergast wird zum Augenzeugen. Ist das nichts?

Wer gegen seinen Willen am Rand der Welt festgefroren ist, muss dafür natürlich auch zahlen. Das sollte dem Silvestergast klar sein, schon bei der Anreise. Die allermeisten Vermieter sprechen auch im Vorfeld eine Warnung aus und haben die entsprechende Klausel in ihrem Beherbergungsvertrag: «Sollten Sie wegen höherer Gewalt die Insel nicht verlassen können, so sind die daraus resultierenden Übernachtungen zu bezahlen.» Aber wer denkt bei «höherer Gewalt» schon an eine Schönwetterfront? An öde Tage auf einer Sandbank, die beinahe in Rufweite zum Festland liegt?

Womöglich ist das alles schrecklich frustrierend für den Silvestergast. Langeweile und Stillstand, ohne dass er dagegen auch nur das Geringste unternehmen könnte. Ärger mit dem Vorgesetzten, weil er nicht pünktlich zurück sein wird und unbezahlten Urlaub nehmen muss. Spott von den Daheimgebliebenen, weil er ja anscheinend nicht nur am Rand, sondern vielleicht auch am Arsch der Welt gewesen ist. Der Mensch kommt nie wieder hierher, denkt man da vielleicht. Der ist für immer kuriert. Der fährt im nächsten Jahr im Kleinwalsertal Ski. Hundertpro.

Aber falsch gedacht: Der Silvestergast ist seltsamerweise treu. Er wird noch vor seiner Abreise – sollte sie denn endlich erfolgen – schon für den kommenden Jahreswechsel buchen, jede Wette. Er wird wieder die Koffer randvoll packen mit Dingen, die er eigentlich nicht braucht. Wird erneut hoffen auf den Sturm, der selbstredend ausbleibt. Wird auf der Insel die Freiheit suchen und in seine Grenzen verwiesen werden. Wird Abenteuer erwarten und sich enorm langweilen.

Es ist schon seltsam mit dem Silvestergast. Wir heißen ihn trotzdem willkommen. Ganz besonders sogar.

Renate Bergmann

✦ ------------------------- ✦

Wir schneiden jetzt die Bowle an und schenken uns vom Karpfen ein. Prosit Neujahr!

Guten Tag, hier schreibt Renate Bergmann. Ich bin 82 Jahre alt, wohne in Berlin-Spandau und bin vierfach verwitwet. Nicht dass sie jetzt ein schlechtes Bild von mir haben. Immerhin bin ich verwitwet, nicht geschieden! Keiner meiner Männer hat mich freiwillig verlassen, es musste immer erst der Deibel kommen und sie holen.

Die Leute wundern sich manchmal, dass ich mich ein kleines bisschen mit dem Computer auskenne und beim Twitter und beim Fäßbock schreibe. Ich lächele dann bloß und denke mir meinen Teil. Sollen die ruhig alle glauben, ich wäre eine düselige Oma, die den Rollator schiebt. Wissen Se, in meinem Alter halten die meisten einen sowieso für ein bisschen plemplem. Daran bin ich gewöhnt. Ich denke mir meinen Teil, lächele freundlich und mache, was ich für richtig halte.

Das habe ich mein ganzes Leben lang so gehalten. Ich war immer geradeaus und stand stets auf eigenen Füßen. Selbst wenn ich eine brave, treusorgende Ehefrau hätte sein wollen – die Herren sind mir ja nach ein paar Jahren immer weggestorben, und ich stand alleine da. So lernt man zu kämpfen und seinen Weg zu gehen.

Ich war ja immer berufstätig. Fast 45 Jahre lang war ich bei der Reichsbahn. Die hieß in der DDR so, ich kann auch nichts dafür. Bei Wind und Wetter bin ich als Schaffnerin im D-Zug gefahren, und wenn Not am Mann war, habe ich am zugigen Schalter auch Fahrkarten verkauft. Damals durfte man das noch so sagen: Schaffnerin. Und nicht «Zugbegleiterin».

Aber ich bin schon mitten im Erzählen, und dabei will ich ja über Silvester schreiben. Wir haben den letzten Jahreswechsel mal ganz anders verbracht als sonst, und zwar in den Bergen. Wissen Se, mir waren der ewige Heringssalat, der «Schneewalzer» um Mitternacht und das furchtbare Geböller allmählich über. Jedes Jahr das Gleiche!

Im Grunde ist aber meine beste Freundin Gertrud schuld, dass wir überhaupt verreist sind über den Jahreswechsel. Also eigentlich nicht Gertrud, sondern Norbert, ihr Doberschnauzer. Sie hat diesen ungestümen und viel zu großen Hund seit nun zwei Jahren. Und der Norbert macht mit ihr, was er will. Er kläfft, leckt und tobt, büxt regelmäßig aus und jagt Enten. Sie machen sich kein Bild! Obwohl er so groß ist, hat er aber Angst bei Gewitter. Und bei dem Gebumse an Silvester erst recht. Vor zwei Jahren hat er den ganzen Abend unter dem Tisch gewimmert und Gertruds Hand geleckt. Ja, und deshalb will ich ganz ehrlich sein: auf eine Feier mit dem Hund hatte ich keine Lust. So lieb das Tier auch sein mag, es behagt mir einfach nicht, wenn er mit am Tisch sitzt. Also habe ich mich diskret mit Ilse beraten, was man tun kann. Ilse und ihr Mann Kurt sind gute Freunde von mir, müssen Se wissen. Beide gut in den Achtzigern, aber noch 1a in Schuss. Einfach ohne Gertrud feiern ging nicht, wissen Se, wir kennen uns von Kindesbeinen an, da kann man sie nicht einfach übergehen. Aber Ilse hat immer eine Lösung! Sie ist eben eine Studierte, das merkt man gleich. Sie überlegte nur kurz und schlug dann vor, über Silvester zu verreisen, denken Sie nur! Eine schöne Busfahrt in den Harz, das ist nicht so weit weg, und Gertrud müsste trotzdem passen, weil der Hund nämlich nicht mit in den Bus darf.

Das war ein guter Plan: Wir würden ins Gebirge verreisen, ohne Hund am Tisch, und Gertrud würde es einsehen und uns verstehen und es nicht nachtragen. Sie wäre ja auch nicht allein, schauen Se, sie lebt in wilder Ehe mit dem ollen Landwirt Gunter Herbst und würde mit ihm feiern können. Da mussten wir gar kein schlechtes Gewissen haben.

Gesagt, getan: Wir ließen uns im Reisebüro beraten und suchten eine hübsche Fahrt aus. Man kann das ja heutzutage auch alles im Interweb buchen, aber mit Geld und bezahlen mache ich da nichts. Einmal was Falsches gedrückt, und schon liefern se einem jede Woche neue Klingeltöne auf den Händi oder teure Plasteteilchen, aus denen man einen Traktor basteln soll. Nicht mit Renate Bergmann! Früher gingen die Zeitungsaboverkäufer noch von Tür zu Tür, da musste man aufpassen, dass man nix unterschreibt – aber heute haben die auch alle Onlein, und es reicht ein Klecks an der falschen Stelle, und das Goldene Blatt der Frau kommt jede Woche doppelt und dreifach ins Haus. Klicks, Sie wissen schon.

Nee, wir haben uns von Frau Trautmann bei «Senioren-reisen GOLD» gleich im März ein gediegenes Hotel raus-suchen lassen und eine Busfahrt dazu, mit Haustürabho-lung, Arzt an Bord und Reiseleiter. Auf den Arzt an Bord hat Ilse bestanden. Im Grunde ist das Quatsch, schließlich fahren wir auch mit Kurt im Koyota ohne Arzt, und da wäre er nötiger als bei einem Busfahrer, der bestimmt noch mehr als 40 % sieht. Der Arzt hat Kurt ja geraten, den Koyota lieber stehen zu lassen uns stattdessen Bus zu fahren, aber Kurt meint, er käme mit der Lenkung nicht klar. So ein Bus-lenker ist ja doch ein schweres, großes Gerät, und Kurt hat doch so mit Arthrose zu tun in der Schulter. Wo war ich? Ja, am Silvesterabend sollte es einen Ball geben im Hotel mit Buffet und Tanz, und Frau Trautmann fragte extra für uns an, ob nicht etwa nur englische Bumsmusik gespielt wird. Hippiegedudel. Das Hotel sagte klipp und klar, es wäre eine Seniorenreise und die Kapelle hieße «Herbert Wienert und die Brockensteiner Musikanten» und sie würden auch was auf Wunsch spielen. Es sei sehr beliebt bei älteren Herr-schaften. Da konnte man nicht meckern.

Wir buchten also für vier Personen, ein Doppelzimmer für Kurt und Ilse und zwei Einzelzimmer für Erwin Beusel und mich. Erwin ist ein lieber Freund und netter Gesell-schafter, aber mehr nicht. Denken Se da nur nichts Falsches! Deshalb auch die zwei Einzelzimmer, man muss schließlich auf seinen Ruf achten und will kein Gerede. Ach, es würde ein schönes Silvester werden. Endlich mal ohne den ewigen Heringssalat, ohne Kurts Böller und vor allem ohne Hund. Mir oblag es, Gertrud von unseren Plänen zu unterrichten. So fuhr ich gleich vom Reisebüro aus mit dem Bus durch und schellte bei Gertrud. Norbert bellte im Flur und schlug Alarm, als ob ein Einbrecher käme. Das macht er aber nur bei mir so, bei Fremden hat er Angst. Wenn Gertrud wirklich mal überfallen würde, er würde den Verbrechern noch den Ball apportieren, alle viere von sich strecken und sich zum Kraulen hinlegen. Gertrud öffnete, und Norbert pullerte vor Freude ein bisschen auf den Flurläufer. Verstehen Se, warum ich das Tier nicht dabeihaben will?

Ich packte den Stier bei den Hörnern, wissen Se, langes Drumrumreden hilft ja niemandem weiter: «Gertrud, mein Mädchen, es geht um Silvester. Wir wollen dieses Jahr mal raus, weißt du, in den Harz. – Mit dem Bus», sagte ich, während ich den Mantel ablegte, vorsichtig die Hutnadel rauszog und die Kappe abnahm. Das Tuch ließ ich um die Schulter gelegt, es war recht frisch bei Gertrud. «Immer dasselbe, du kennst das ja», fuhr ich fort. «Kurt kriegt den Karpfen nicht tot, Ilse kann keine anständige Bowle vertragen, und um Mitternacht schlafen alle, nee, da wollen wir mal raus und was erleben. Wie schade, dass Norbert im Bus nicht mitfahren darf und du nicht mitkommen kannst. Ja, so ein Tier bindet einen doch ans Haus! Dabei war die Fahrt nicht mal teuer, keine 400 Euro pro Mann und Maus …» Ich war so froh, dass mir das alles so leicht über die Lippen gekommen war. Noch einen Tee aus Anstand, dann würde ich wieder gehen. Ihre Tränen wollte ich nicht sehen!

Doch Gertrud reagierte ganz anders als erwartet. Kein «Wie kannst du mir so was nur antun, Renate!» und kein «Lasst ihr mich hier sitzen, allein an Silvester …» – nee! Wissen Se, was sie gesagt hat? «Das ist aber eine feine Idee, Mensch, Renate, wieso bin ich darauf nicht schon längst gekommen? Ich buche gleich ein Hotelzimmer für Gunter Herbst und mich, und wir fahren mit Norbert mit dem Auto in den Harz. Ach, das wird eine Freude! Silvester in den Bergen! Renate, das habe ich das letzte Mal in den 60er Jahren gemacht.»

Damit hatte ich nicht gerechnet. Ach du liebes bisschen. Der Schuss drohte nach hinten loszugehen! Wenn jetzt nicht das Hotel die Beherbergung von Hunden ablehnte, dann hätten wir den Salat. Ich überlegte, ob man dort anläuten sollte und … wenn man dann dem Portier eine Flasche Korn versprach …? Vielleicht, dass er dann den Hund ablehnte? Hans Moser hat ja gern einen getrunken in dem schönen alten Film mit dem «Weißen Rössl». Ach, wenn man nur persönlich vorbeigehen könnte mit einem Pichelchen! Am Telefon wirkt man wie eine Trinkerin, wenn man den Leuten einen Schnaps verspricht. Das ging so nicht.

Es kam, wie es kommen musste: Gertrud spazierte am nächsten Morgen mit dem Hundetier ins Reisebüro. Die Frau Trautmann war ganz vernarrt in Norbert, holte ihm eine Schale Wasser, in die er seine Pfoten schlug, und läutete dann mit Säuselstimme im Hotel an, um für Gertrud, Gunter Herbst – den Herrn vom Land, mit dem sie in wilder Ehe lebt – und den Hund ein Doppelzimmer zu bestellen. Mit Parkplatz, extra Neujahrsmenü für das Tier und allem Pipapo kamen sie sogar auf gut 100 Euro weniger pro Nase als wir mit dem Bus. Wenn wir das gewusst hätten! 100 Euro mal vier Personen, wissen Se, so viel kann Kurt sich gar nicht verfahren, als dass wir dabei nicht Plus gemacht hätten. Ich war sehr verärgert, aber es war nun mal so. Da sieht man mal, dass der liebe Gott kleine Sünden sofort bestraft. Dem Himmel sei Dank merkte Gertrud gar nicht, dass wir sie hatten ausbooten wollen.

Das Weihnachtsfest verging, wir brachten die fette Gans, die Christmette, die Verwandtenbesuche und die selbstgezimmerten Geschenke der Enkel und Urenkel mit Anstand und Grandezza hinter uns. Am Morgen des 29. Dezember sollte es losgehen, der Bus fuhr am Bahnhof ab, aber wir hatten ja Abholung von zu Hause bestellt. Um sieben wollte der Fahrer kommen, ich saß ab kurz vor sechs im Mantel neben meinem gepackten Koffer und wartete. Zwischendurch ging ich immer mal wieder rum, zog die Thrombosestrümpfe, die ich auf langen Reisen trage, hoch, kontrollierte, ob ich den Herd ausgeschaltet hatte, ob der Hahn zur Waschmaschine abgedreht war, dass die Kaffeemaschine aus war und ob ich die Tabletten und die Ladestrippe für den Händi einstecken hatte. Ich wischte auch mit dem Staubtuch noch mal über die Anbauwand. Eine Renate Bergmann hat immer ihr Tun und sitzt nicht einfach so herum! Um zehn vor sieben war der Fahrer noch immer nicht da, und gerade als ich die Sörwissnummer anrufen und mich beschweren wollte, kam er doch noch. Furchtbar, diese jungen Leute, immer auf den letzten Drücker! Erwin saß schon im Wagen, vorn neben dem Fahrer, und ich stieg hinten zu. Wir wollten schon losfahren, aber ich stieg doch noch mal aus und schaute, ob wirklich alles aus war. Wissen Se, man hat ja sonst keine Ruhe den ganzen Urlaub über, nee, mich treibt so was um! Erwin guckte mit, das war mir wichtig. Wenn ich mir doch unsicher werden würde, könnte ich ihn fragen.

Nach gut einer halben Stunde fuhren wir weiter zu Ilse

und Kurt. Dort war das Zubringertaxi um halb acht ange-kündigt, und wir lagen auch gut im Plan – die Nachrichten schlugen gerade an –, aber selbstverständlich standen Glä-sers schon mit Hut und Mantel vor der Tür und schauten zur Uhr, als wir vorfuhren. «Hast du den Herd aus, Ilse?», fragte ich, und sie wollte schon hochlaufen, aber Kurt hielt sie ab. «Ilse! Wir haben zweimal geguckt und sogar die Sicherung rausgedreht! Jetzt ist aber mal genug», schimpfte er, aber Ilse ging doch noch mal ins Haus und vergewisserte sich. Kurt brummte, weil er hinten sitzen musste – da sind Männer ja wie kleine Kinder –, und stellte sich absichtlich dumm beim Einsteigen an, aber Ilse und ich schupsten ein bisschen nach, und plumps!, hatten wir ihn auf der Rückbank liegen. Es war ganz ungewohnt, ohne mein Keilkissen im Auto mitzufah-ren. Im Koyota sitze ich immer auf einem Keilkissen, wissen Se, Kurt sieht nicht so gut, da müssen Ilse und ich immer ein bisschen mitgucken, und so erhöht habe ich einen bes-seren Überblick. Unser Fahrer war mittleren Alters, gute 50, schätzte ich. Noch jung genug, um richtig zu sehen, aber mit genug Lebenserfahrung, um zu wissen, wie man mit aufgeregten Omis umgeht. «So, meine Damen. Die Herde sind aus, der Hahn zur Waschmaschine auch, lassen Sie uns fahren», sprach er, und Ilse wurde blass. «Der Wasserhahn! Den habe ich nicht kontrolliert!», rief sie aus, aber Kurt sagte ganz entschieden: «Fahren Sie los. Das Wasser ist aus.»

Der Bus stand schon zum Einsteigen bereit, als wir anka-men. Nachdem die beiden Männer sich endlich geeinigt hatten, wer den Taxiherrn entlohnt – im Grunde war die Haustürabholung ja im Preis mit drin, und wir hatten alles bezahlt, aber Sie wissen ja, wie das so ist. Der Taxischofför war auch wirklich sehr freundlich und hatte viel Geduld mit uns, da gibt man gern Trinkgeld. Ich ließ mir seine Visitenkarte geben, ich hatte noch was anderes mit ihm vor. Die Frau Schlode, die bei uns den Kindergartenchor und seit neuestem auch den Männerchor leitet, ist alleinstehend, und ein Mann für sie tat dringend Not und würde den schrecklichen Gesang zu allen erdenklichen Anlässen vielleicht etwas eindämmen. Aber dazu musste ich mit ihm allein reden, wenn wir wieder zurück sein würden. Hihi! Kurt hatte eine große Tasche dabei, die er nicht aus den Augen ließ und dem Taxifahrer persönlich abnahm. Ilse flüsterte mir zu, dass Kurt sicher die Heimdauerwelle dabeihabe, damit sie sich am Silvester besonders schön für ihn macht. Ich kenne Kurt jedoch und dachte mir gleich, dass er wieder Böller beim Herrn Pjotr gekauft hatte. Da ist er wie ein Schulbub. Eigentlich kriegt er nur knapp Taschengeld – Ilse hält ihn da wirklich kurz –, aber er schafft es immer wieder, sich was auf die Seite zu legen. Manchmal verdient er sich was dazu, indem er die alten Damen aus der Nachbarschaft im Koyota zur Fußpflege oder zum Friseur fährt. Von dem Geld kauft er dann das olle Bumszeug von Gott weiß wo, und mir wurde himmelangst und bange, wenn ich daran dachte, dass seine Bomben im Bus hochgehen könnten. Wir wären alle mausetot! Erwin hatte auch seine Knaller dabei, aber er machte kein Geheimnis draus. Er hatte schließlich keine Ilse, die es ihm verbot. Und seine Raketen hatten alle Tüff, das hatte ich vor der Abreise noch kontrolliert.

Der Busfahrer war ein grimmiger Geselle mit Weste, Glatze und Schnauzbart. Er stand neben dem Einstieg und brummte «Aber erst die Füße abtreten!». Kein «Guten Tag, schön dass Sie mit uns reisen», nichts. Geschweige denn, dass er sich vorgestellt hätte. Unmöglich, diese Sitten heutzutage! Wir halfen uns gegenseitig beim Einsteigen.

Wissen Se, wenn man die Hüfte neu hat wie ich, dann ist das nicht mehr so einfach. Man ist kein Springinsfeld mehr, wenn die Beine mit einer Titankugel am Becken festgemacht sind. Während der miesepetrige Busfahrer noch unsere Koffer verstaute, suchten wir uns vier schöne Plätze; zwei Bänke gleich hintereinander. Ilse kontrollierte mit einem Blick aus dem Fenster, ob mit unserem Gepäck alles in Ordnung war.

Der Bus füllte sich rasch und fuhr pünktlich los. Man konnte nicht meckern, alles war vom Feinsten. Die Toilette war sauber, und es gab sogar Onlein ohne Kabel und ohne Passwort. Wenn nur der Busfahrer nicht gewesen wäre, nee, ich sage Ihnen, da hatten wir kein Glück. Er hielt gleich zu Beginn der Fahrt einen langen Vortrag darüber, was während der Reise alles verboten war. Wir durften im Bus nicht essen, nicht rennen, keinen Kaugummi kauen, und gesungen werden durfte auch nicht. Nun will man ja nicht aus der Reihe tanzen und auffallen, aber ich rechnete mir doch gute Schangsen aus, dass ich später meinen Picknickkorb auspacken dürfte, ohne dass es Ärger gab. Schließlich hatte der Herr Bolschewski mich beim Einsteigen sehr gelobt, weil ich für die Dauer der Fahrt die Winterstiefel gegen Hausschuhe tauschte. Ich finde, das gebietet der Anstand. Wissen Se, der Bus war mit Auslegeware ausgestattet, das ist wie Teppich zu Hause, und da will man auch nicht, dass einem der Besuch mit Straßenschuhen drübertrampelt, nich wahr? Der Herr Busfahrer fand das so nett, dass er die Hacken zusammenknallte und sich mit «Gestatten? Bolschewski, Gerhard Bolschewski. Sagen Sie ruhig Gerd zu mir» vorstellte. Den anderen Fahrgästen – auch Ilse! – ging er mit einem Handfeger schimpfend über die Schuhe und fegte den gröbsten Dreck ab. Denen stellte er sich über seine Bordsprechanlage auch nur mit «Ich bin der Bolschewski, ich bin heute Ihr Busfahrer, und wenn Sie sich an die Regeln halten, bringe ich Sie auch sicher ans Ziel» vor. Nichts mit «Sagen Sie ruhig Gerd zu mir». Nee, ich hatte ein Stein im Brett bei ihm, so was spürt eine Dame doch. Ich sage ja immer – wie man in den Wald hineinruft, so schallt es auch heraus, und diese kleine Rücksichtnahme zahlte sich schon aus. Es ist auch viel bequemer so; wenn man so lange sitzt, spannt festes Schuhwerk, und einem schwellen so die Füße an, dass man kaum laufen kann, Thrombosestrümpfe hin oder her. Ich hatte auch noch einen weiteren Grund, meinem Magen eine Kleinigkeit anbieten zu dürfen: Ich bin schließlich Diabetikerin und darf nicht unterzuckern. Der Gerd durfte mir das Essen gar nicht verbieten!

Wir fuhren gute zwei Stunden, bis sich Ilse einigermaßen beruhigt hatte. Ilse ist immer sehr aufgeregt vor Reisen und muss ständig austreten. Hinzu kommt, dass sie nicht rückwärtsfahren kann, weil ihr … dabei nicht gut ist. Sie kann während der Fahrt auch nicht lesen und nicht aus dem Fenster gucken, sonst … speit sie. Es war dicht ran, und sie wollte zur Sicherheit lieber eine Tüte griffbereit haben, falls es ihr hochkommt, und da hatten wir das Dilemma: Sie hatte die Speitüten vergessen! Der arme Kurt musste sich bis hinter Magdeburg anhören, dass er ja auch mal hätte daran denken können, dass es immer dasselbe wäre mit ihm und dass sie auf ihre Mutter hätte hören sollen, die damals für eine Heirat mit Albrecht Drews gewesen war. Wenigstens verging so die Zeit, und Ilse vergaß, dass ihr schlecht war. Langsam wirkten auch ihre Reisetabletten, die sie schön schläfrig machten, und schon bald nickte sie weg. Kurt genoss die Ruhe und die schöne Landschaft, während Erwin und ich heimlich an meinen Verpflegungsbeutel gingen. Der Herr Gerd hätte bestimmt nichts gemerkt, hätte nicht Erwin beim Eierpellen die Schale auf die Auslegeware fallen lassen. Als der Herr Hübner dann rief: «Wieso dürfen die denn essen? Hilde, ich will jetzt auch eine Stulle!», war es aus; das war zu viel für den Herrn Busfahrer. Er bremste scharf und hielt an, mitten auf der Autobahn! Da darf man gar nicht halten, ich weiß das genau. Was meinen Se, wie die Polizei geschimpft hat, als wir die Radmuttern vom Koyota nach dem Wechsel auf Sommerräder nachgezogen haben auf der A100 in Berlin. «Nach 40 km bitte Radmuttern nachziehen», hatte die Werkstatt extra auf die Rechnung geschrieben. Und wenn man das dann macht, ist es auch verkehrt. Herrje.

Herr Gerd schaltete die Warnleuchten an und kam mit Handfeger und Schippe nach hinten gerannt und rief: «Wegmachen. Sofort! Und zwar gründlich!» Er ging kurz runter in die Bordtoilette und kam mit einem Eimerchen, Lappen und einer Flasche Hygienespray wieder hoch. «Und damit nachwischen!», schimpfte er mich so laut, dass Ilse wach wurde. Denken Sie nur – sie wusste im ersten Moment gar nicht, wo sie war. Kurt deutete ihr mit dem Zeigefinger vor dem Mund an, dass es besser war, still zu sein. Die arme

Ilse litt für ein paar Minuten Todesängste, weil sie dachte, wir wären entführt und der Herr Gerhard wäre einer der Geiselnehmer! Sie wissen ja, wie das ist, wenn man aus dem Schlaf hochschnellt …

Ich sammelte schnell das bisschen Eierschale ein, wischte kurz mit dem Läppchen über die Auslegeware und hielt den Mund. Ich habe schließlich nicht den Krieg überlebt, um auf dem Standstreifen an der Autobahn ausgesetzt zu werden. Erwin war auch ganz kleinlaut und kaute ganz vorsichtig seine Stulle fertig. Dabei hielt er die Hand unter das Kinn, damit ja kein Krümel danebenging. Der Herr Gerhard fuhr weiter, und ich sagte wirklich lieber gar nichts mehr. Eigentlich hätte ich ihn bitten wollen, noch mal kurz Rast zu machen. Gertrud und Gunter Herbst waren nämlich auch unterwegs zum Harzhotel, und ich hatte einen SM von ihr bekommen. (Gertrud hat nämlich auch ein Händi, aber sie hat es nur für Notfälle im Handschuhfach von Gunters Wagen. Sonst nutzt sie es nicht, und deshalb kennt sie sich nicht so gut aus.) Ihr SM lautete «sindrasthof.stop. norbertmachtgassi.stop.haltetdochanichspendierekaffee. stop.grussgertrud». Ich schrieb, dass es im Bus gerade so friedlich sei und es daher besser wäre, sich gleich am Hotel zu treffen, wenn alle wieder wach waren. Der Nawie sprach, dass wir in nicht mal zwei Stunden dort wären.

Wir kamen ohne weitere Pannen und Vorkommnisse im Hotel an. Ich stieg heimlich hinten aus, um dem Herrn Gerd und seinen vorwurfsvollen Blicken zu entgehen. Er lief gleich durch den ganzen Bus und kontrollierte mit einer Taschenlampe, ob nichts schmutzig geworden war. Wir mussten uns vor dem Bus in einer Reihe aufstellen und auf die Koffer warten, bis der Herr Busfahrer so weit war. Was meinen Se, was da los war? Wissen Se, wenn 60 Rentner ihre Reisetasche haben wollen und dann ihre Zimmerschlüssel nach dem Einschecken, dann gibt es sowieso schon immer Gedrängel. Wir stellten uns unauffällig an den Rand, schließlich hatten wir gebucht, und unsere Zimmernummern standen in den Unterlagen, da brachte uns Schupsen und Schieben auch nicht voran.

Ach, die Zimmer waren sehr hübsch. Man konnte nicht meckern. Tisch und Stuhl und Bett, was man eben so braucht. Auch ein Schrank und sogar Telefon und Fernseher. Jeder hatte eine eigene kleine Badestube, denken Se sich das nur! Sogar Handtücher vom Hotel waren da, aber ich hatte selbstverständlich meine eigenen mitgebracht. So weit kommt es noch, dass ich fremde Handtücher nehme! Sie machten sich aber gut, um damit den Weg von der Wanne bis zum Bett anzulegen. Wissen Se, man weiß ja nie, wer da vorher vielleicht mit nackten Füßen über die Auslegeware gelaufen ist und Fußpilz angeschleppt hat! Erwin hatte sein Zimmer gleich nebenan. Das kannte ich ja schon von der Kur, da lag er auch den Flur rüber gleich dichte bei. Erwin sagte, die Handtücher wären prima, davon würde er eins einstecken bei der Abreise. «Sandpapier in der Körnung kriege ich in ganz Berlin nicht, Renate!», sagte er. Und Gertrud und Gunter durften sogar Norbert mit aufs Zimmer nehmen. Er hatte eine Wasserschale und einen großen Fressnapf, genau besehen hatte er es besser als zu Hause. Die waren sehr bemüht um das Tier in unserem Hotel, da kann man nichts sagen.

Es war eine sehr ruhige Gegend, in die es uns verschlagen hatte. Aus Berlin kenne ich das sonst nicht, oder warten Se: wenn, dann vom Friedhof. Hihi. Man hatte im Grunde nur das Hotel und dann sehr viel Gegend, man konnte gut wandern gehen. Aber hier lag ein bisschen Schnee, und wie rasch holt man sich da nasse Füße und dann eine Erkältung. Außerdem war ich mit meiner Behelfshüfte bestimmt gut zu Fuß, aber für Schneewanderungen war die nun auch nicht gedacht. Im Keller des Hotels gab es eine Sauna und einen kleinen Swimmingspool, aber ich sage Ihnen das ganz offen: wenn da erst mal 60 Rentner drin waren, ist das Wasser hinterher zwei Grad wärmer. Das ist nichts für mich. Zu Hause in Spandau, ja. Da gehe ich auch jede Woche zum Aquaturnen mit Fräulein Tanja. Wir pressen uns eine Gummiwurst zwischen die Beine, es läuft zünftige Musik vom Band, und sie schreit «Und eins, und zwei …» vom Beckenrand, ach, das ist immer nett. Aber hier reichte mir das Zugucken.

Am Silvestertag war die Aufregung groß. Wir ruhten nach dem Mittag alle ein Stündchen, wissen Se, wenn man so lange durchhalten muss, das ist in unserem Alter doch immer eine Herausforderung. Normalerweise lege ich um neun die Zähne ins Glas, stelle meine Heizdecke an, sodass ich allerspätestens um zehn ins Bett verschwinden kann. Nach der Mittagsruhe haben Ilse und ich uns gegenseitig die Wickler eingedreht, man will schließlich manierlich frisiert sein an so einem Festtag. Gertrud wollte nicht, sie sagte, der Aufwand würde nicht lohnen. Sie war eben schon immer etwas liederlich und keine Dame von Welt. Wir bürsteten die Anzüge für die Männer auf. Gott sei Dank hatte Ilse an das Plätteisen gedacht, und wir konnten sogar unsere

Blusen noch frisch aufdämpfen. Seide knittert ja so leicht im Koffer! Ich musste an das vergangene Silvester denken: Da waren Ilse und ich auch gerade dabei, uns die Haare zu machen, als wir es aus der Küche poltern hörten. Wir sind natürlich gleich hin. Kurt war die Kornflasche umgekippt, aber auslaufen konnte da nichts mehr, denn sie war schon leer. Um den Tisch saßen Stefan, was mein Neffe ist, Kurt und Erwin und tranken sich Mut an, um den Karpfen schlachten zu können. Kurt fiel wegen seiner Augen aus, Stefan war schlecht und Erwin hatte auf einmal Arthrose in seinen Fingern. Nee, ich sagen Ihnen: Männer! Weicheier und Milchsemmeln, allesamt! Wer hat dem Karpfen am Ende den Garaus gemacht? Renate Bergmann, noch mit Wicklern im Haar. Himmel, was hat Ilse gelacht über mich, aber noch mehr über die Männer, wie sie kleinlaut einen Schlachtekorn aus einer frischen Flasche spendierten. Was heißt einen? Wir haben die zweite Flasche vor Schreck noch am Nachmittag halb leergemacht, aber bitte bekommen Sie keinen falschen Eindruck: Wir waren ja in großer Gruppe beisammen.

Heute gab es für uns nicht viel zu tun, der Silvesterball sollte erst um acht beginnen. Bis dahin saßen wir alle zusammen auf Gläsers Zimmer und guckten «Dinner for Wonn» mit der alten Frau und dem Engländer, der nichts verträgt, und später noch Ekel Alfred und die dusselige Kuh. Ach, was haben wir gelacht! Das ist ja immer wieder schön. Als es auf acht zuging und wir runter zur Ballgesellschaft wollten, fing Norbert zu winseln an. Hunde haben ja ein Gespür dafür, wenn sie alleine bleiben sollen; das hat auch meine Tochter Kirsten, die Kleintiertherapeutin ist, schon immer gesagt. Gertrud und Gunter blieben nach langem Hin und Her also beim Hund, und Erwin, Ilse, Kurt und ich gingen schon mal vor.

Es war alles wunderhübsch eingedeckt und dekoriert, die hatten sich hier viel Mühe gegeben. Überall waren Girlanden und Luftschlangen und Luftballons, ach, es war ein Traum! Die Kapelle war noch nicht da, die steckten im Schneesturm fest, ließ der Hotelscheff ausrichten. Dabei war gar kein Sturm. Ich hatte gleich den Verdacht, dass Herbert und seine Musikanten vom Brockenstein keine Schneeverwehungen hatten, sondern zu viel Bowle intus. Und nun konnten se nich mehr fahren! Gegen zehn sahen die vom Hotel das endlich auch ein und ließen uns stattdessen Witze erzählen und Eierlauf machen. Mein Witz ging so: «Kommt eine Frau in die Bäckerei und sagt: ‹Ich möchte gerne Rumkugeln.› Da guckt die Verkäuferin erschrocken und sagt: ‹Aber nicht bei uns im Laden!›» Ach, ich musste so lachen, als der Herr Pfarrer den beim Kirchenkaffee erzählt hat. Als ich ihn hier zum Besten gab, lachte niemand, aber das war mir egal. Wissen Se, als Preis wurde für die Damen eine Flasche Sekt ausgelobt, und auf so süße Plörre kann ich gut verzichten, solange ich meinen Korn habe. Für die Herren war der Hauptpreis ein Küsschen vom Fräulein von der Rezeption. Da hätten Se mal Kurt und Erwin sehen sollen, wie sie mit Teelöffel und Wachtelei ums Buffet geflitzt sind! Sonst kriegen se kaum die Füße hoch, aber da konnten se plötzlich rennen! Ilse und ich schüttelten nur mit dem Kopf. Wir holten abwechselnd Essen vom Buffet, mit dem wir Gertrud und Gunter auf dem Zimmer versorgten. Wenn einer darin geübt ist, Speisen vom Buffet unauffällig einzupacken, dann ich; wissen Se, ich habe Kuchenvorrat für Monate im Froster – alles auf Beerdigungsessen eingesteckt. Als Gunter hörte, dass es Küsschen gibt, ließ er Gertrud allein mit Norbert sitzen. Nee, ich sage Ihnen: Männer. Kennen Se Erwin, Kurt und Gunter, kennen Se alle auf der Welt.

Die Einzelheiten vom Buffet konnten wir auf dem Zimmer erst mal richtig in Augenschein nehmen; wissen Se, wenn man 60 Senioren in einer Reihe hinter sich hat, nimmt man sich zwei, drei Löffel von allem und macht, dass man wegkommt. Alles war reichhaltig und gut, aber keineswegs etwas Besonderes. Im Prospekt hatte gestanden, dass sie sich ein bisschen auf Silvester einstellen und Karpfen anbieten, Heringssalat und Krapfen – Berliner! – zu Mitternacht, aber nee. Davon war nichts zu sehen. Kalte Platten mit Wurst und Schinken und Salat und auch eine Gulaschsuppe, wohin man schaute, aber nichts, was eine Renate Bergmann nicht auch schon mal angerührt hat. Ilse und ich pendelten jetzt ständig zwischen Festsaal und Gertruds Zimmer. Norbert hatte zwar Angst, aber auch einen erstaunlichen Appetit. Er fraß einen Teller nach dem anderen. Da hätte mal einer kommen und was sagen sollen, es war schließlich alles bezahlt, inklusive Herbert und seiner Brockenbergmusikanten, die Gott weiß wo geblieben waren! Irgendwann blieben Ilse und ich einfach ganz oben. Wir Damen machten es uns nett. Sollten doch die Männer mit dem Hotelfräulein Eierlauf machen, uns war es egal. Sie vergaßen darüber sogar ihre Böller. Aber glauben Sie, dass Kurt einen Anlass braucht, um sie zu zünden? Mitnichten! Mir schwante schon, dass den Maulwürfen in Gläsers Garten ein schwerer Frühling bevorstand. Aber auch ohne die Knaller von dem Herrn Pjotr lärmte es überall um uns herum, und je weiter es auf Mitternacht ging, desto lauter wurde es. (Ihnen kann ich es ja sagen: Norbert brauchte einen Korn. Und wir nahmen auch gleich einen nach.)

«Es ist doch kein richtiges Silvester ohne selbstgemachten Heringssalat!», sprach Ilse plötzlich, holte eine große Plastedose aus der Handtasche und öffnete sie mit einem PLOPP. Gertrud lachte. «Wartet mal, ich habe da auch noch was beizusteuern», sagte sie, kramte im obersten Fach des Kleiderschranks und holte zwei Päckchen Wiener Würstchen raus. «Die musste ich vor Norbert verstecken, aber hier oben kommt er ja nicht ran.» Ach, wir lachten, ich sage Ihnen, Ilse und Gertrud mussten sogar die Brillen putzen. Wir machten dann die Würstchen im Wasserkocher heiß, und Ilse füllte ihren Heringssalat auf die Teller, die wir reichlich vom Buffet genommen hatten, auf. Norbert sprang winselnd um uns herum, und ich dachte so bei mir, dass es doch verrückt war: Wir wollten weg in die Berge, um mal was anderes zu erleben als Heringssalat, Norbert und Böller, und nun saßen wir hier im Berghotel, weit weg von zu Hause, bei Heringssalat, mit dem wimmernden Norbert, und draußen explodierten die Raketen. Es fehlte eigentlich nur noch, dass aus dem Radio der «Schneewalzer» tönte … aber den hatte ich doch auf dem Telefon! Liebe Zeit, dass ich daran nicht gedacht hatte! Ich machte die Musik ganz laut.

In der Ferne läuteten die Kirchenglocken, überall blitzte und donnerte es. Ich stand auf, hakte meine beiden Freundinnen unter, und wir sangen «Den Schnee-, Schnee-, Schnee-, Schneeeeewalzer tanzen wir …» und schunkelten dazu.

Irgendwann ging die Tür ging auf, und Kurt, Erwin und Gunter kamen herein, jeder zwei Glas Sekt in der Hand.

«Erwin hat gewonnen!», brummelte Kurt, aber da alle drei Männer verschmierten Lippenstift auf den Wangen hatten, war kein Groll dabei. Das Fräulein vom Empfang hatte sich mächtig ins Zeug gelegt. Ich reichte feuchte Reinigungstücher rum, und wir Frauen putzten unsere Männer sauber. Jetzt, wo sie so fein nach 4711 dufteten, bekamen sie von uns auch einen Schmatz. Kurt und Gunter von Ilse und Gertrud auf den Mund, Erwin von mir auf die Wange. Eine Renate Bergmann weiß schließlich, wo sie ihre Grenzen setzen muss.

«Frohes neues Jahr!», prosteten wir uns gegenseitig zu, und ich dachte: «Nächstes Jahr feiern wir aber wieder zu Hause, da habe ich auch mehr Ruhe und kann gucken, ob ich den Herd ausgestellt habe.»

Tex Rubinowitz

Professor Vitzliputzli

Nicht leicht ist es, den Zeitpunkt festzumachen, als mir oder ob mir Weihnachten und Silvester mal etwas bedeuteten und, wenn ja, warum, und wann damit Schluss war, und nicht nur das, ich frage mich auch, wann diese Termine und der Raum zwischen den beiden sogar lästig wurden, die als Kind vielleicht mal als Verschnaufpause vom Schulterror gedacht waren, mit Mitteln der mit Heiligkeit verbrämten Düsternis und der eine Woche darauffolgenden willkürlichen Fröhlichkeit. Ich kann mich weder an einen Baum, an Lametta, Krippe, gar einen Weihnachtsmann, Schnee oder Schneelosigkeit erinnern noch daran, wann da was begann – die Bescherung zum Beispiel …

Wurde da gesungen, mussten Gedichte aufgesagt werden? Ich weiß es einfach nicht mehr, vielleicht auch deswegen, weil möglicherweise nichts dergleichen geschah und man wie üblich Käse- und Wurstbrote aß und dazu lauwarmen Hagebuttentee trank. Und was passierte dann nur wenige Tage später, an Silvester? Vermutlich das Gleiche, also vermutlich gar nichts. Hoffen und Bangen werden verpufft sein wie ein nasser Knallfrosch. Leicht ist es allerdings, diese beiden Termine in einem bestimmten Jahr mit einer Art Zäsur in Verbindung zu bringen, vor und nach der alles andere banal werden musste.

Ich erinnere mich an ein einziges Weihnachtsgeschenk, mein Vater schenkte mir ein Buch von Karl May, weil das damals alle lasen, weil das die Väter schon gelesen hatten und deren Väter und es jede Generation der folgenden aufzwang, hier, das ist gut, das musst du lesen, dabei war man doch mit Fix und Foxi ganz gut bedient und ausgelastet, ich zumindest. Unausgesprochen wurde ab einem bestimmten Alter erwartet, so als sei das eine Art Initiation, dass man von nun an reif für Karl May sei. Aber welchen Band hätte ich denn gerne, ich konnte ja noch nicht mal ein System erkennen, was man lesen müsse und was mit wem wie zusammenhing. Muss man von Band 1 bis zum hohen zweistelligen Ende alles chronologisch weglesen? Möglicherweise gab's irgendwelche referenziellen Listen in Verlagsprospekten, das ganze Œuvre als dichotomer Entscheidungsbaum, und möglicherweise fand ich dort etwas, was mich ansprach. Es war der Band mit dem rätselhaften, nach Gnomen, Elfen und sprechenden Pilzen klingenden Titel «Professor Vitzliputzli», den wünschte ich mir dann alibihalber, um meinen Vater zu beruhigen, um dann so zu tun, als sei ich ein Auskenner, ein Spezialist, und wüsste, wovon ich spreche. Gelesen hatte ich ihn natürlich nicht, angefangen sicher, aber nach 15 Seiten oder so entkräftet beiseitegelegt. Stattdessen fand ich in der Stadtbibliothek ein Buch über Schleusentechnik, weil mich Schleusen und Schiffshebewerke und Wasserregulierung generell sehr interessierten.

Zunächst berichtete ich also meinem Vater vom Inhalt

Professor Vitzliputzlis, indem ich erfand, dass der Hauptdarsteller ein deutscher Ingenieur sei, der in Amerika im neunzehnten Jahrhundert den ca. 500 Kilometer langen Ohio-Erie-Kanal gebaut hätte, mit einem reichlich komplizierten Schleusensystem, damit konnte ich ihn dann noch mehr beeindrucken als mit dem vermuteten schnöden Elend eines kauzigen Cowboys namens Vitzliputzli, denn darum geht's doch eigentlich, es den Vätern zu zeigen, schau, ich kann meine Schuhe schon zubinden, ich hab das erste Mal masturbiert, und ich hab ein dickes Buch gelesen! Und mein Vater war über meine Schleusen-Kenntnisse tatsächlich so beeindruckt, dass er mich mal zur Abwechslung nicht wie üblich ignorierte, sondern schlug, um seine eigene Verzweiflung über meinen Wissensvorsprung zu kompensieren, wie ich mir viele Jahre später zusammenreimte. Als ich ihm allerdings unter Tränen gestand, dass ich mir das doch nur ausgedacht hätte, im Karl-May-Buch ginge es gar nicht um Schleusen, sondern um Cowboys und Indianer, da lobte er mich dann und meinte, so was sei gut, so was sollte ich jetzt immer machen, so käme ich viel weiter als mit der Wahrheit. Er meinte, er bedaure, dass er in seinem Leben (das er für verpfuscht hielt) nicht viel mehr geschwindelt hätte. Wenn er es nämlich getan hätte, säße er jetzt nicht hier, und dann raunte er mir noch die rätselhaften Worte zu: «Heirate NIEMALS», und er gab mir unkommentiert einen sogenannten Heiermann, ein Fünfmarkstück. Eine Zeitlang dachte ich, dass das so eine Art Startguthaben zur Mannwerdung sei oder eine Bestechung, um ledig zu bleiben, aber ich glaube, es sollte eine Belohnung für meine Lüge sein, die ihn offenbar beeindruckt hatte, der geheime Lohn für die Erziehung, auf die ich aber selbst gekommen war, was mich stolz machte.

Aber es kann doch nicht sein, dass dieses doofe Buch (Amazonrezension: «Hier zeigt Karl May seine Größe, auch aus banalen Alltagsgeschichten in dezent lustiger Form ein herzerfrischendes Werk zusammenzubringen, das sehr lieb erzählt ist!»), das ich bis heute nicht gelesen habe, meine einzige Weihnachtserinnerung ist. Ist sie aber, denn es ist nichts anderes mehr in meinem Kopf vorhanden. Was Silvester betrifft, sieht es genauso aus. Mit Ausnahme wiederum von einer einzigen Sache, in die mein Vater ebenfalls involviert war und die mit Professor Vitzliputzli in einem dramatischen Zusammenhang stand. Sicher ist, dass das der Jahreswechsel war, der auf die bezahlte Vitzliputzlilüge folgte. Von den Scherben, die er uns hinterlassen hat, ist bei mir nicht mehr viel geblieben, außer diese beiden Ereignisse und ein seltsames Ritual.

Bei Spaziergängen hielt mein Vater oft Vorträge über Ameisen, man erfuhr dann beispielsweise, dass es wohl Menschen in Australien gebe, die Ameisen essen. Mein Vater hingegen hat sie zwar nicht gegessen, aber er hat, immer wenn wir mal an einem Ameisenhaufen vorbeikamen, bei Ausflügen sein Taschentuch über denselben geworfen, die Tiere es mit ihrer Verteidigungssäure vollpumpen lassen, und dann hat er sie abgeschüttelt und das Tuch auf sein Gesicht gelegt und mit einem erstickten Seufzer die Säure inhaliert. Er war regelrecht süchtig danach, immer wieder bot er mir das an, und immer wieder musste ich mich übergeben, mir hat es dabei den Magen umgedreht, aber eher nicht von der Säure, ich fand sein Taschentuch einfach eklig, man schnüffelt nicht an etwas, was der eigene Vater in seiner Hosentasche trägt.

Ich will mich ja nicht beschweren, dass die Ameisensäure und die fünf Mark für eine Lüge das Einzige war, was von meinem Vater übrig geblieben ist, immerhin hat das ja auch einen geringen Unterhaltungswert, wovon ich nach wie vor zehre. Ich schreibe dann und wann bei Wikipedia Falschinformationen, sie müssen nur glaubhaft klingen, manchmal verschwindet das sehr schnell, oft bleibt das auch ewig dort ungeprüft stehen, und ich inhaliere zwar keine Ameisensäure mehr, aber dafür Teer, ich wasche meine Haare mit Teershampoo und habe eine Teersalbe, um meine juckende und knochentrockene Haut zu schmieren, denn Teer wirkt keimtötend und durchblutungsfördernd. So wie Ameisensäure.

An das eine Silvester mit meinem Vater kann ich mich vielleicht deshalb doch noch erinnern, weil da unsere Mutter mit Tuberkulose in einem Sanatorium in Schlangenbad lag. Unser Vater tat zumindest so, als hätte er die Situation im Griff, wir waren ja auch nicht mehr so klein, meine Schwester war 11, ich zwei Jahre älter, aber er war das erste Mal alleine mit uns, weil er oft wochenlang nicht zu Hause war, er war Vertreter für Dosenwürste, unsere ganze Garage war bis zur Decke vollgestapelt mit diesen Dosen, er hatte einen hellblauen Opel Rekord Kombi, ein, wie mir schien, unendlich langes Auto, und immer war das ganze Heck voller Dosen. Damit tourte er durch die Lande und belieferte Großkunden wie Wirtshäuser und dergleichen. Weihnachten und Silvester war aber schon alles ausgeliefert, und jetzt musste er die Elternrolle übernehmen. Und dafür hatte er sich offenbar etwas ausgedacht, man merkte, dass er in Erwartung des Kommenden ganz aufgeregt war. Um etwa 18 Uhr servierte er uns einen, wie er es nannte, kleinen Imbiss, das waren Suppenteller voller Corn Frosties, meine Schwester und ich mochten die sehr, es waren komplett mit Zucker ummantelte Cornflakes, und unsere Mutter weigerte sich, sie zu kaufen, weil sie fand, sie seien zu teuer und würden uns nicht nur nicht satt, sondern auch dick und unsere Zähne kaputt machen. Stattdessen gab es Haferflocken mit heißem Wasser, das sollte so was wie Porridge sein, das wurde gesalzen statt gezuckert, uns schmeckte das sogar. Aber für heute am letzten Tag des Jahres hatte «Schneckenpapa», wie wir ihn nannten und was er trotz seiner Kälte gerne von uns hörte, etwas anderes vor, wir freuten uns mit ihm und wunderten uns nicht. Den Namen Schneckenpapa hat er sich übrigens selbst gegeben, weil er im Sommer die Schnecken im Garten nicht mittels Spatenstich tötete, wie das all unsere Nachbarn handhaben, sondern mit einer Schale Bier anlockte («sie lieben Bier mehr als Salat») und sie sich ins Gesicht setzte. Analog zu der angeblich gesunden Ameisensäure, erklärte er, dass der Schleim der Schnecken seine Gesichtshaut straffen und die Falten «rausbügeln» würde.

Wir freuten uns mit ihm über das, was jetzt kommen sollte, denn wir merkten ihm natürlich an, dass es etwas Besonderes sein würde, und wunderten uns auch nicht sehr, als er die Frosties statt mit Wasser oder gar mit Milch (Mutter war gegen Milch, die Milch würde uns «verschleimen», bis die Organe nicht mehr arbeiten könnten und in der Folge gänzlich versagen würden) mit Bier übergoss. Kurz dachte ich, dass wir jetzt für ihn in diesem Moment die Schnecken sind, und sein Kosename bekam eine neue, eine zusätzliche Bedeutung. Das sah erst mal interessant aus, denn durch die Verbindung mit dem Zucker schäumte das Bier enorm. Meine Schwester kostete davon, sie verzog den Mund, es schmeckte ihr augenscheinlich nicht, aber sie wollte ja an die begehrten Frosties, also seihte sie mit dem Löffel die Brühe ab und aß nur die aufgequollenen Flocken. Ich nahm auch ein bisschen von der Biersuppe, ich mochte diese Mischung aus süß und bitter, und weil wir noch so jung waren und das unser erster Kontakt mit Alkohol war, spürten wir trotz der geringen Dosis die Wirkung sehr schnell. Der Zustand meiner Schwester wechselte sich relativ schnell ab von haltlosem Weinen (Mama soll kommen!) und Kichern mit albernen Kinderneckereien. Schneckenpapa meinte, das sei ein typisches Silvestermenü, man äße weltweit an diesem letzten Tag, in der letzten Nacht des Jahres eben überall etwas Verrücktes, so wie Berliner, gefüllt mit Senf, oder Marzipankartoffeln, worunter ich mir mit Marzipan gefüllte Salzkartoffeln vorstellte. Das sei gut für die Nerven, um für das kommende Jahr gewappnet zu sein, das sei der Brauch. Uns schüttelte es, obwohl wir soeben etwas Vergleichbares gegessen hatten.

Das war die Vorspeise, wie Papa meinte, als Nächstes machte er eine Dose Würstchen auf, davon gab's ja genug bei uns, normalerweise aßen wir sie kalt, und kalt schmeckten sie mir auch besser, dazu gab's Butterbrot, aber unser Vater meinte, zur Feier des Anlasses sollten sie heute warm sein, und weil Würste in vielen Kulturen ein Glückssymbol seien, kippte er das Dosenwurstwasser nicht weg, sondern holte nach der Mahlzeit Bleiklumpen hervor, die wir in Tee-löffeln und über einer Kerze erhitzten, um das flüssige Blei dann in die Dose plumpsen zu lassen. Klar, das klassische Bleigießen, aber wer benutzt dazu Dosenwurstaufbewahrungswasser?

Immer wenn ich später mal einen Junkie gesehen habe, schob sich mir das Bild von unserer Silvesternacht dazwischen, zu ähnlich glichen sich die Bilder mit der Kerze und dem Teelöffel, und ich dachte, was, wenn er sich Blei in die Blutbahn injizieren und das Heroin ins Wurstwasser kippen würde, bei diesen Wracks wäre das auch kein großes Drama mehr.

Während meine Schwester und ich mit der Deutung der bleiernen Lavaklumpen beschäftigt waren, wozu er uns vorher eine kleine Interpretationsinstruktion gab, was was sein könnte und in welche abstrakte Richtung wir auch denken sollten, verschwand er, wie er sagte, kurz, er hätte noch eine Überraschung für uns. Meine Schwester und ich betrachteten die Klumpen von allen Seiten und versuchten, darin irgendwas zu sehen, interessanterweise immer in Opposition zueinander. Wo ich einen Specht sah, sah sie eine Spinne, auch wenn für Dritte möglicherweise nichts dergleichen erkennbar gewesen wäre. Nachdem wir mehr gelangweilt als wirklich interessiert drei oder vier Klumpen aus der Wurstbrühe gezogen und interpretiert hatten, kam unser Vater die Treppen unseres schmalen zweistöckigen Hauses, nun ja, heruntergestöckelt. Er war als Frau angezogen, für uns war er verkleidet, aber inzwischen weiß ich ja, dass es ihm ein Bedürfnis war, etwas, was er zunächst an uns ausprobieren wollte, wozu er in Gegenwart seiner

Frau nicht in der Lage war, und für uns halbbetrunkene Kinder mit den albernen Bleinuggets in den Händen war das ein inszenatorischer Teil dieses komischen Abends. Er sagte, er sei jetzt unsere Mutter, und zwar für immer, was uns natürlich erst viel später in seiner ganzen konsequenten Tragweite klarwurde. Für uns war Schneckenpapas Auftritt das Programm dieser Nacht, in der alles Falsche eben richtig ist. Unser Schneckenpapa hatte nicht nur einen Rock an, sondern Brüste, wohl ein ausgestopfter BH seiner Frau, war grell geschminkt und trug eine Perücke, er sah für uns Kinder einfach großartig aus, auch weil unsere Mutter so eine protestantisch unfrauliche Mausigkeit hatte. Er kam zu uns rüber, schmolz sich auch einen Bleiklumpen und ließ ihn in die Dose plumpsen, wobei er uns einen kleinen Vortrag über die lateinische Bedeutung Plumbum hielt. Sein Gebilde, ich weiß es noch wie heute, war eine kleine dicke Frau mit enormen Hüften und Brüsten und winzig kleinen Ärmchen. Meine Schwester interpretierte es als mit Blut vollgepumptes Insekt, eine Zecke vielleicht, ich sah weder das eine noch das andere. Später in Wien hab ich mal im Kunsthistorischen Museum die Venus von Willendorf gesehen, und rückblickend betrachtet, kam unserem Vater dieser Zufall in Blei wohl recht, das Ideal einer Urmutter, einer vollkommen bewegungseingeschränkten Ameisenkönigin, einer dreißigtausend Jahre alten Fruchtbarkeitsgöttin.

Dann setzte uns Vater, was seinen eigenen vermeintlichen Mummenschanz legitimierte, noch lustige Hütchen auf und zeigte uns, wie man Papierschlangen durch die Luft zu dekorativem Chaos blies. Er kredenzte uns Eierlikör, der in seiner süßen Cremigkeit durchaus trinkbar war, und alles entglitt zu einer großen Ausgelassenheit, wir tanzten sogar ein bisschen, wohl zu der Musik des laufenden Radios. Ich kann mich nur an ein Lied erinnern, denn immer wenn ich das jetzt zufällig irgendwo höre, entstehen die Bilder von uns dreien, wie wir durch die Wohnung hüpften, wie Krabben, also seitlich, mit rollenden Augen und die Scheren pantomimisch darstellend, das machten wir Papa nach, das Lied war von einer britischen Band namens Pilot und hieß «Magic», großartiges Lied, «Hohoho. It's magic, you know. Never believe, it's not so».

In der Rückschau betrachtet, muss das ganze Programm für unseren Vater für alles Kommende enorm befreiend gewesen sein, das Beste, was man aus etwas Altem in etwas Neues transportieren kann, mit uns als Zeugen und dem «Hohoho» im Radio.

Als Nächstes zeigte er uns das merkwürdige Buch von Karl May, das er mir vor nicht allzu langer Zeit geschenkt hatte, den Professor Vitzliputzli, den hatte er wohl eben aus meinem Zimmer von oben mitgebracht, er schlug das Buch auf, und zu meiner nicht geringen Überraschung war der Seitenkörper ausgehöhlt, darin hatte er einen sogenannten Kanonenschlag deponiert, so wie kurz vorher Horst Mahler zu jener Zeit der Baader-Meinhof-Bande Waffen ins Gefängnis geschmuggelt hatte. Papa meinte, wir müssen uns in dieser Nacht von bestimmten «Absprachen» trennen, so sagte er das. Wir verstanden nicht exakt, was er meinte, ich aber zumindest ungefähr und im Falle von Vitzliputzli ganz sicher. Aber wie genau die Symbolkraft seiner Transformation mit der Zerstörung meines Buches zusammenhing, wurde mir erst viel später bewusst, das

Buch als Schleuse der Befreiung, also doch ein Buch über Schleusentechniken.

Meine Schwester und ich bekamen Punkt Mitternacht sogenannte Bengalische Lichter in die Hand gedrückt, dickere, stark lila und grün leuchtende Streichhölzer, während Vater den Kanonenschlag zündete und schnell das Buch zuklappte. Wir standen da wie Wächter, als das Buch unter lautem Getöse explodierte, wir jubelten vor Freude, während das Buch seinen fragwürdigen Geist ausrauchte und unsere Lichter erloschen.

Das war unser Silvester. Am nächsten Tag schlichen wir uns waschlappig aus dem Weg, den Vater sah man kaum, nur mal kurz in der Küche mit verschmiertem Gesicht, er hatte sich wohl nicht mal abgeschminkt, sondern war einfach so eingeschlafen, jetzt trug er aber einen Küchenkittel statt Rock, Strumpfhose und Bluse, meiner Schwester und mir ging's schlecht, wir kotzten den ganzen Tag, auch wenn wir nicht mal etwas aßen, was denn auch, weil außer Dosenwürsten und Corn Frosties ja nicht mal etwas da war, und beides rührte zumindest ich jahrelang nicht mehr an. Von Eierlikör und Bier ganz zu schweigen.

Am 2. Januar kam unsere Mutter aus dem Sanatorium wieder zurück, mit dem Taxi, das blieb vor der Tür stehen, weil sie offenbar kein Geld hatte, sie lief ins Haus, um das Geld zu holen, war von dem Chaos der natürlich noch unaufgeräumten Wohnung entsetzt und fing gleich mal ein großes Lamento an, das natürlich an uns abperlte wie Wasser am Bürzel einer Ente, weil das ja alles noch Zeugnisse einer von uns als besonders empfundenen Nacht waren, die nur wir, und nicht sie, lesen konnten.

Durch die Gardine des Fensters sah ich, wie unser Vater blitzschnell aus dem Hintereingang des Hauses huschte und ins Taxi stieg. Er trug wieder Frauenkleider und Stöckelschuhe, das Taxi brauste ab, das war das Letzte, was ich von ihm sah. Rückblickend betrachtet, war diese Symmetrie absolut logisch, auch wenn ich es mir andersrum gewünscht hätte. Alte Mutter kommt, neue Mutter geht. Hohoho, it's magic.

Tobi Katze

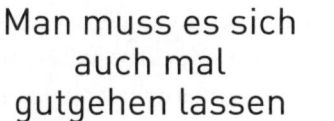

Man muss es sich auch mal gutgehen lassen

März. Eigentlich 'ne solide Zeit, um in die letzte Phase der Weihnachtsplanung einzusteigen. Harmonie und Liebe machen sich ja schließlich nicht von allein, das wäre ja noch schöner, wenn da alles so völlig unorganisiert vor sich hinharmonieren täte, ohne dass auch nur irgendwo wer 'n Karteikärtchen mit 'nem Sitzplan angelegt hat. Für sechs Personen. Man darf an Weihnachten unter keinen Umständen wild durcheinandersitzen. Auch nicht zu sechst. Das wäre ja die reinste Anarchie. Und Anarchie – Anarchie ist wenig besinnlich, so man meiner Mutter glauben darf. Und das sollte man besser. Es gibt wenige Überzeugungen, für die meine Mutter ihr Leben geben würde, aber neben «Die Würde des Menschen ist unantastbar» sowie der Gleichberechtigung von Mann und Frau gehört «Anarchie ist wenig besinnlich» höchstwahrscheinlich dazu. Daher: März. Wobei, meine Mutter würde wahrscheinlich am liebsten noch wesentlich früher anfangen, das Weihnachtsfest einzustielen, Heiligabend zum Beispiel, da sitzen ja praktischerweise bereits alle gemeinsam und dank sorgfältiger Sitzplanung auch konversationsoptimiert am Tisch, aber ich schätze, das ist eine selbstironische Metaebene, an die sich nicht einmal meine Mutter rantraut.

Es ist der 1. März, 00:01, gerade ist es Dienstag geworden, ein klingelndes Telefon legt eklatant Zeugnis davon ab, dass ich meinen Schlafrhythmus dringend den Neurosen meiner Mutter anpassen sollte.

«Gut, dass du noch wach bist», sagt meine Mutter.

«Nein», sage ich.

«Wie *nein*?», fragt sie.

«Beides», sage ich. «Weder bin ich wach – noch ist das gut.»

«Aber du bist doch Künstler.»

«Ja. Und müde.»

«Soll ich in zehn Minuten noch mal anrufen?»

«Was soll denn das genau bringen?», frage ich.

«Weiß nicht», murmelt meine Mutter. «Man sagt das doch so. *Du, es passt grad nicht, kannst du in zehn Minuten noch mal anrufen?* Ich hab das auch nie verstanden. Was kann man schon in zehn Minuten groß erledigen?»

«Einschlafen.»

«Ach, stell dich nicht so an. Wir müssen über Weihnachten reden. Weißt du schon, wann du kommst?»

«Weihnachten», sage ich. «Ich denke, zu Weihnachten werde ich so gegen Weihnachten bei euch aufschlagen. Wäre das in Ordnung? Oder soll ich irgendwas gegen November anpeilen, falls mein Zug Verspätung hat?»

Es schweigt in der Leitung.

«November klingt phantastisch», sagt meine Mutter, «schön, dass das klappt.»

Na toll, denke ich. Immer wieder nehme ich mir vor, mich von meiner Mutter nicht ausironisieren zu lassen, aber in meinem jugendlichen Leichtsinn unterschätze ich gerne mal ihren Willen, immer einen Schritt weiter zu gehen als ich. Besonders wenn es darum geht, die Dinge ad absurdum zu führen.

Niemals aufgeben – niemals kapitulieren – das ist unser Familienmotto mütterlicherseits, wobei es, was mich betrifft, leider durch das Motto väterlicherseits – *Ich gehe mal nicht davon aus, dass das tatsächlich passieren wird –* stark verwässert wurde. So glaube ich stets an das Gute in der Mutter – und werde stets enttäuscht. Denn seien wir ehrlich: Wenn es um das Fest der Liebe geht, kann man sich Humanismus nun mal schlicht nicht leisten.

Die Feiertage sind ein schmutziger Kampf, denke ich mir, da musst du unfair zurückkämpfen. Offensive Eskalation. Du musst einfach noch einen Schritt weitergehen, um diesen Wahnsinn zu beenden. Was soll schon schiefgehen? Im Krieg und in der Liebe ist schließlich alles erlaubt, und Weihnachten ist ja nun irgendwie beides, also stehe ich folgerichtig demonstrativ bereits Mitte Juni mit zwei Koffern in der Hand vor der Tür meiner Eltern und sage: «Überraschung. Ich hab 'n Zug früher genommen, dachte mir: Sicher ist sicher. Wo kann ich denn die nächsten sechs Monate schlafen?»

Ich beginne diesen tollkühnen Schritt in die offensive Eskalation genau in dem Moment zu bereuen, als ich wenig später ein Spannbettlaken über die Schlafcouch im Wohnzimmer ziehe. Meine Mutter kann sich derweil ein süffisantes Grinsen nicht verkneifen. Ich komme nicht umhin, ihre

Entschlossenheit, dieses absurde Theaterstück, wenn es sein muss, bis zum Äußersten durchzuziehen, zu bewundern.

Meine Freundin hingegen zeigt sich von der veränderten Wohnsituation eher irritiert.

«Warum *genau* musst du die nächsten sechs Monate bei deinen Eltern wohnen?»

«Aus Prinzip», sage ich.

«Beziehungsweise meine Mutter kann mit Ironie nicht umgehen.»

«Das ist natürlich ein Grund», sagt meine Freundin am Telefon.

«Schön, dass wir das ähnlich sehen» ist mein letzter Satz, bevor die Unterhaltung recht überraschend beginnt, ins Unkonstruktive zu kippen.

Halbzeitanalyse. Noch sechs Monate Spielzeit, und die erste Beziehung ist bereits nachhaltig zerrüttet. «Nicht schlecht», würde Jürgen Klopp sagen, «aber: Da geht noch was.»

Weihnachten wird SCHÖN, da wird meine Mutter für sorgen, auch wenn wir dabei alle draufgehen, denke ich noch, bevor ich auf einer erstaunlich unbequemen Schlafcouch die erste Nacht auf dem Weg zur Hölle begehe.

Auch zwei Monate später hat sich an dieser Einschätzung erstaunlich wenig geändert. Immerhin hat sich meine Freundin inzwischen von mir getrennt, sodass die Wohnsituation auf der Couch meiner Eltern nicht mehr völlig abwegig wirkt. Das Universum hat so diese Eigenart, die Dinge immer wieder im Nachhinein zu korrigieren. An und für sich ist das ja tierisch nett vom Universum. Aber wenn es bedeutet, dass ich das Kunststück fertigbringen muss, gefühlte zwei Kilo Schokoladenweihnachtsmänner in brüllender Augusthitze nicht nur zu kaufen, sondern auch noch nach Hause zu karren, ohne die Straßen in einen reißenden Fluss geschmolzener Schokolade zu verwandeln, in dem Grundschulkinder lachenden Auges ertrinken, OHNE am Abend dieses verstörende Erlebnis mit meiner Partnerin zu besprechen, um das Geschehene zu verarbeiten – DANN hat das Universum meinem Empfinden nach irgendwie die falsche Richtung eingeschlagen, was diese Korrekturen angeht. Ich meine, das Universum hätte auch dafür sorgen können, dass ich *nicht* aufgrund einer ironischen Bemerkung zu meinen Eltern auf die Schlafcouch ziehen muss, nur um ein Zeichen zu setzen, dass ich es in puncto Die-Sache-Durchziehen durchaus mit der Showband der Titanic aufnehmen könnte. Hat es aber nicht. Weil eben auch das Universum selbst durchaus einen Sinn für grotesken Humor auf meine Kosten besitzt.

Halten wir fest: Ganz generell ließe sich wohl viel erzählen zur Abartigkeit des Kosmos und dem Umstand, sich bereits im Hochsommer frisch getrennt mit vielerlei Weihnachts-Devotionalien konfrontiert zu sehen, aber andererseits: Sich darüber zu echauffieren ist Teil des Problems. Weihnachten ist nun mal ein totalitäres Regime, welches sich einmal im Jahr an die Macht putscht, aber dennoch ab Jahresmitte Wahlkampf betreibt, um den Schein zu wahren. Das kann man scheiße finden. An und für sich gehörte da jetzt noch ein relativierender Satz hintendran, aber der wird erst Heiligabend fallen, sozusagen als Gegengewicht zu erwähntem Trend, bereits im August flächendeckende Besinnlichkeit durch Schokolade in Glitzerpapier zu propagieren. Und wie bei jeder guten Diktatur läuft man bis dahin einfach mit, jubelt nicht zu viel und behauptet später, man sei im Widerstand gewesen.

Das funktioniert super – auch für mich. Bis man dann eben am Tisch sitzt und der Baum recht festlich funkelt. Da muss man sich entscheiden. Tyrannenmord – oder Kartoffelsalat mit Würstchen?

«Der Baum ist aber wirklich schön dieses Jahr», sagt meine Mutter. «Oder?»

«Ja», sagt der Rest. «Er ist wirklich sehr schön.»

Mehr Konversation ist zu diesem Zeitpunkt ohne Zuhilfenahme von Alkohol nicht möglich. Wir sitzen komfortabel zu Salz erstarrt an einem großen Tisch, Mutter, Vater, Bruder, Schwestern, Onkel, Tanten, diverse Ehepartner sowie eine unübersichtliche Anzahl an Kindern und ich. Allein. Der Kartoffelsalat türmt sich majestätisch bis zur Deckenleuchte, und auf jeder möglichen bis unmöglichen Ablagefläche sind Würstchen liebevoll mit dem Bagger drapiert worden, denn wenn Weihnachten eines ist, dann Fressen. Und Harmonie, klar. Vor allem aber: Fressen.

«Man muss es sich doch auch mal gutgehen lassen», sagt dann immer irgendwer, weil immer irgendwer ein schlechtes Gewissen entwickelt ob der Kubikmeter mit Kartoffeln gestreckter Mayonnaise, die die Gastgeber da aufgefahren haben. Und dann dürfen alle mit vollem Mund zustimmend nicken.

Und dann lassen wir es uns gutgehen, schließlich haben wir den ganzen Tag damit verbracht, noch dieses eine Geschenk zu besorgen, was wir vorher einfach nicht geschafft haben. Keiner. Immer. Wahrscheinlich weil wir ab August allesamt Baumschmuck und Schokonikoläuse wie die Bekloppten gekauft haben, wo soll man da noch Zeit finden, jedes Geschenk rechtzeitig besorgt zu haben? Eben.

Immerhin kann man so in den Genuss kommen, am Tag des heiligsten aller Abende eine nicht näher zu beziffernde Summe von Nächstenliebe zu verspüren. Sei es beim gepflegten Diskurs über die zumindest zur *Debatte* stehende körperliche Unversehrtheit des Menschen, der einem an Kasse 1 dauernd mit dem Einkaufswagen in den Rücken fährt, oder auch bei einer Neuverhandlung obsolet gewordener Schubladenbegriffe wie «mein» und «dein» vor einem äußerst singulär befüllten Weinregal. Der Mensch ist erstaunlich offen in diesen Tagen der Besinnlichkeit, vor allem offen für das Konzept, anderen aufs Maul zu hauen. Nächstenliebe, Nächstenhiebe, die Grenzen sind da fließend.

Ganz im Gegenteil zum Verkehr. Aber das Fass wollen wir nicht auch noch aufmachen, stapeln sich darin doch ganze Paletten von Büchsen diverser Pandoras, in einem einzigen Fass ein ganzes Potpourri diverser Weltuntergänge, so man so will, und sie alle haben irgendwie mit Autofahren an Heiligabend in der Innenstadt zu tun. Schön – ist das nicht.

Aber es soll ja auch nicht schön sein, schließlich ist Heiligabend, und es gibt 'ne Menge Kartoffelsalat und Geschenke zu bestaunen. Dafür sind wir schließlich hier. Ach ja, und irgendwas mit Familie und Liebe und so – ganz klar, hab ich fast vergessen. Ich bitte um Nachsicht, kann schon mal passieren, denn dieser Kartoffelsalat, den Tante Ulrike da gezaubert hat, uiuiui, ich muss schon sagen: ganz schön imposant. Hätte Jackson Pollock nicht besser malen können.

Zuerst aber: Bescherung. Noch zuersterer aber: Singen!

Singen ist schnell abgehandelt, da gibt es nur wenige Grundsätze zu beachten.

Punkt 1: das Liedgut: «Stille Nacht, heilige Nacht, alles schläft, keiner wacht» oder irgendwie so ähnlich, nach der ersten Strophe kennt ohnehin niemand den Text mehr. Hauptsache, irgendwo fällt noch mal der «goldene Knabe mit lockerem Haar» – oder wie auch immer das ging. Alternativ nutzt man einfach den Universaljoker «Christus», dadurch lässt sich tatsächlich jede einzelne Zeile ganz gut ersetzen, die «iiis» und «uuuus» kann man auf jede beliebige Länge dehnen, das ist schon schön gemacht. Dann muss aber noch ein zweites Weihnachtslied her: «Oh Tannenbaum». Weshalb ausgerechnet ein Baum besungen werden muss – da gibt es bestimmt auch eine gute Geschichte hinter. Aber es ist allemal besser als irgendein anderer Trivialgegenstand, wie zum Beispiel Staubsauger oder 'ne Fahrradkette. Auch hier gilt: nicht hinterfragen – machen.

Punkt 2: Gesang. Hier wichtig: Je frommer die Frau – desto höher muss sie singen. Je frommer der Mann, desto leutseliger muss er brummen. So wird es getan seit Anbeginn der Zeit. Kein Grund, daran was zu ändern.

Punkt 3: Schunkeln ist zu unterlassen.

In unserer Familie dauert die klassische Baumbesingung meist nicht lange an, in der Regel maximal fünf Minuten. Dann hat man alles an Besinnlichkeit aus den sieben noch im Kopf präsenten Textzeilen rausgeholt, was ging. Ein Glas Sekt hinterher, um das würdevoll abzuschließen, dann: Bescherung.

«Oh, ein Krawattengutschein.»

«Ein selbstgemaltes Bild. Mal wieder.»

«Mensch, Benzin für die Kettensäge. Klasse.»

Lächeln, Geschenkpapier falten, weil das «doch noch gut ist». Danke schön.

Dann, endlich: Kartoffelsalat. Und Gespräche. Über Kartoffelsalat.

«Vegane Mayonnaise?»

«Toll, oder?»

«Nicht direkt, nein. Eher gar nicht.»

Damit ist prinzipiell alles gesagt, aber bevor das Gespräch dann zu stagnieren droht, ein kritischer Einwurf aus dem Strafraum: «Das ist ganz schön scheiße, was wir hier machen. Bockwürstchen mit veganer Mayonnaise zu essen.»

«Sollen wir die Würstchen lieber weglassen?»

«Nee, Würstchen müssen schon sein, ich wollt's nur mal gesagt haben.»

«Ach so. Danke übrigens für die Turnschuhe aus Kinderarbeit. Sie sind sehr bequem.»

«Da nicht für. Das Geld, dass ich durch die unmenschlichen Kinderarbeitsbedingungen beim Kauf gespart habe – hab ich übrigens direkt in vegane Mayonnaise investiert. Weil jedes Leben wichtig ist.»

Phantastisch. Ein Bollwerk der Postmoderne, dieses Gespräch. Noch 'n Rahmen drum und ab auf den Kunstmarkt damit. Kauft zwar keiner, aber jeder wird in der Galerie davor rumstehen und schwärmen, wie wahnsinnig sozialkritisch dieses gerahmte Weihnachtsgespräch über Kartoffelsalat doch ist, wie es durch seine plakative Schlichtheit besticht und uns alle daran erinnert, was es bedeutet, ein Mensch zu sein. Denn primär bedeutet Menschsein, die

Dinge beim Namen zu nennen – und dann keinerlei Konsequenzen daraus zu ziehen.

Allerdings, und zum Glück, muss der kapitalismuskritische Diskurs an dieser Stelle leider, leider unterbrochen werden, denn es gibt nun wirklich wichtigere Dinge, die unserer Aufmerksamkeit bedürfen: Schau mal, wie schön die Kinder spielen.

«Nun schau doch mal», drängelt meine Mutter, «schau doch, wie schön sie spielen.»

«Jau», sage ich. «Sie spielen sehr schön. Darf ich trotzdem kurz zu Ende erzählen, dass die Liebe meines Lebens mich verlassen hat, weil ihr mit Ironie nicht umgehen könnt?»

«Nein.»

«Okay», sage ich und schaue stattdessen den Kindern zu. Sie spielen tatsächlich ganz außerordentlich schön. Diese Lust und Freude, Kinder beim Spielen zu beobachten, die muss auch noch aus einer Ära stammen, als Spielzeuge ausschließlich aus Holz gemacht waren, ohne Batterien, blinkende Lichter und der Notwendigkeit, sich zuerst mit dem heimischen WLAN zu verbinden, bevor okkult geformtes Plastikgerümpel überhaupt ordentlich bespielt werden konnte. Man verstehe mich nicht falsch, ich bin selbst großer Fan bunter Kunststoffklumpen mit WLAN-Adapter, doch hat Spielzeug in letzter Zeit die unrühmliche Ambition entwickelt, bevorzugt akustisch doch recht … raumgreifend zu agieren.

Das war früher anders. Und, ja, besser.

Jetzt gerade aber, in diesem Moment, beginnen meine Geschwister, völlig enthemmt und in freudigster Fremd-Spiel-Erwartung die in weiser Voraussicht strategisch im

Raum verteilten Batterie-Maxi-Packs aufzureißen und Mignonzellen an Bedürftige zu verteilen. Brot für die Welt, Batterien für die Kinder. Das Klickern und Klackern von Kontaktfedern und Batteriefachdeckeln ist der weihnachtliche Hufschlag der apokalyptischen Reiter. Das Wissen, dass sowohl Anzahl als auch Lebensdauer dieser Doppel-A-Zellen zumindest theoretisch begrenzt sind – vermag da nur wenig Trost zu spenden.

«Immerhin keine Lithium-Ionen-Akkus» ist ein unter kinderlosen Fans zweistelliger Schalldruckwerte durchaus geläufiger Gedanke.

«Na, dann spielt mal schön» ist das letzte Geräusch, die letzte beschauliche Schallwelle, die am Strand meines Gehörgangs ausläuft, bevor er trockenfällt. Tsunamis legen ja bekanntlich auch ganz gerne mal komplette Küstenabschnitte trocken, um dann zehn Minuten später die sich inzwischen eingefundenen Touristen mit einer dieser hochhausartigen Monsterwellen *so profund* zu überraschen, wie Überraschung nur irgend möglich ist.

Und dann – spielen die Kinder. Ein batteriegespeistes Epizentrum recht geradlinig dargebotener audiovisueller Opulenz, in welchem sogar das oftmals so hold besungene Kinderlachen einen schmerzlosen und vor allem ungehörten Tod durch Verdampfung erleidet. Man könnte auch sagen, es sei laut. Aber das würde niemand hören. Alles blinkt und tutet, Autos machen Tiergeräusche, ein Elefant aus Plastik singt, Farbspektakel und Fanfaren, Frösche und Heuschrecken vernichten die Felder, der Erdboden tut sich auf, Jesus trennt die Gerechten von den blinkenden Enten und Ungerechten, ein Plastikpapagei stellt Fragen, keiner kennt die Antwort, dann wird es neblig. Himmlische Außerkörperlichkeit ergreift Besitz von mir. Meine Sinne haben aufgegeben, das Geschehende erfassen zu wollen. Ich habe die akustische Ebene der Existenz verlassen. Oder einen Schlaganfall. Zen.

Geräuschlos spielen die Kinder, und ich genieße mein vermutlich geplatztes Trommelfell in vollen Zügen, bis mich langsam, ganz langsam, ein einzelnes Wort an die Hand nimmt und sanft zurückzieht in die geräuschvolle Realität frischbeschenkter Kinder.

«Kartoffelsalat.» Was auch sonst.

«Bitte, was?», frage ich.

«Ob du noch ein Kilo Kartoffelsalat möchtest», fragt mein Vater durch das inzwischen von heiterer Kinderhand zur Ruine zerspielte Esszimmer hindurch.

«Lieber ein Bier», sage ich. «Oder zehn.»

«Gutes Stichwort», sagt mein Vater und öffnet die erste Flasche.

Diese wird noch recht schuldbewusst auf vielerlei Gläser aufgeteilt, man wolle sich ja schließlich nicht besaufen, sondern einfach nur das gute Hof / Mönch / Königs-Bräu-Pils-irgendwas-Bier genießen, ein besonders edler Tropfen. *Welcher natürlich nur, nur für den heutigen Abend in absolut verantwortungsvollen Mengen mittels eines kargen Weidenkörbchens in ebendiesen einfachen, sonstmals fast schon asketisch zu nennenden Haushalt getragen wurde.*

Dieser edle Tropfen wird im Verlaufe des Abends durch Anfangs ein, zwei weitere edle Tropfen und spätestens *danach* durch ein, zwei edle Gläschen, Fläschchen, Kästchen komplettiert, bis weder mein Vater noch mein Schwager, meine Mutter, Schwester noch ich diese Scharade aufrechterhalten können, man tränke etwas zum Essen, und stattdessen alle Einkehr finden in der realistischeren Betrachtungsweise, man esse etwas zum Trinken.

«Man muss es sich doch auch mal gutgehen lassen» wird auch hier bemüht, und es ist wirklich egal, von wem nun genau, unsere Gespräche sind zu diesem Zeitpunkt bereits völlig personalunabhängig, irgendwer spricht, irgendwer widerspricht, weil man das so tut an Weihnachten, und vielleicht ist es sogar ein und dieselbe Person, das lässt sich alles nicht mehr so ganz nachvollziehen gerade. Vielleicht diskutieren wir zu viert den Unterschied zwischen der AfD und richtigen Parteien, oder Onkel Klaus monologisiert seit einer halben Stunde über Hühnerzucht – weiß man alles nicht so genau.

Weihnachten ist, wenn Gespräche erwachsen werden, ausziehen und ihr eigenes Ding machen, ohne dass man da selber noch was mit zu tun hätte.

«Nein», sage ich also in die Runde, einfach weil ich das Gefühl habe, dass schon wirklich lange keiner mehr irgendwem widersprochen hat. Und weil wir ein bisschen unter Zeitdruck stehen. Der Heilige Abend schwankt strammen Schrittes dem Ende entgegen, und bis jetzt hat sich noch keiner gestritten. Und streiten – ist wie Weihnachtslieder singen. Nur später.

Pflichtbewusst wird aus unbekannter Richtung ein «doch» eingeworfen, und dann tut der Alkohol sein Übriges. Wir sind alle erwachsene Menschen hier am Tisch, und wir machen ausgiebig von unserem Recht Gebrauch, uns genau diese Tatsache nun wirklich nicht anmerken zu lassen. Der

Streit am Heiligen Abend ist Institution und ein Geschenk von uns allen für uns alle, es erinnert jeden noch mal daran, wer welche Füße unter welchen Tisch stellt, welche bizarre Nebensächlichkeit auch nach zwanzig Jahren noch nicht vergeben ist, wer wen im Pleistozän mal wirklich enttäuscht hat und wer schon zwanzig Minuten nach Beginn des Universums irgendwie ein Arschloch war. Kurzum: Wer sein komplettes Leben und alle darin getätigten Fehltritte nicht mehr hundertprozentig präsent haben sollte, tut gut daran, Heiligabend mit der Familie zu begehen, man bringt sich da gerne wieder auf den aktuellen Stand. So auch wir. Irgendwann wissen wir wieder, warum wir uns alle hassen, und nur wer wirklich hassen kann, kann auch wirklich lieben. Und allein die Tatsache, dass wir trotz all der knapp nach dem Verlassen des Ozeans beginnenden Verletzungen es immer noch schaffen, gemeinsam an einem Tisch zu sitzen – allein das ist es doch letztendlich, worum es geht bei Weihnachten.

Liebe – und um das Ertragen. Ertragen von Kartoffelsalat und Geschenken und Singen.

Wobei das, wenn wir ehrlich sind, doch alles irgendwie eins ist.

Das kann man scheiße finden. Oder aber sehr, sehr liebevoll in diese Runde sich alkoholisiert anschreiender Menschen blicken und sich freuen, dass man einander genug bedeutet, um das jedes Jahr aufs Neue knallhart zu versuchen. Auch wenn man weiß, dass es höchstwahrscheinlich schiefgeht.

Mia Morgowski

Allein feiern ist
auch keine Lösung

«Karsten und ich unternehmen in diesem Sommer nichts Großes», erklärt meine Freundin Jana mit geheimnisvollem Lächeln in die Runde, «stattdessen fliegen wir über Silvester nach New York.»

Wir sitzen zu sechst beim Italiener, und alle reden wie so oft wild durcheinander. Plötzlich herrscht Stille. Mit ihrer Ansage hat Jana die Messlatte für den Jahreswechsel ziemlich hochgesteckt, und das bereits im März! Klar, Silvester wird überbewertet und New York vermutlich auch. Dennoch klingt ihre Aussage kosmopolitisch, hip und nach verdammt viel Spaß. Zu übertreffen allenfalls von einer «rooftop»-Party in Seoul oder – und hier komme ich ins Spiel – von einem entspannten, besinnlichen Abend allein zu Hause. Denn auch ich habe mir im März bereits Gedanken über den Jahreswechsel gemacht, und zwar nicht zum ersten Mal. Mein Mann ist Musiker und der Silvestergig einer der wichtigsten im Jahr. Anfragen für diesen Abend werden zeitig gestellt, Verträge geschrieben, und spätestens im März ist alles dingfest.

Um den Jahreswechsel gemeinsam verbringen zu können, bin ich jahrelang mit der Band zum Auftrittsort gereist, zuletzt ein paar Jahre nach Wien. Dieses Jahr soll es zwar nur ins schöne Dresden gehen, doch irgendwie spüre ich seit Anfang Januar, dass mir für einen Kurztrip zum Jahresende die Energie fehlt. Überfüllte Straßen, schlechtes Wetter und keine Sekunde Zeit für Privates – das will ich mir nicht schon wieder antun. Die Weihnachtstage mit der Familie werden meist turbulent genug, sodass es mich an Silvester nicht mal in Hamburg unter Leute zieht. Den Abend unter Paaren oder lüsternen Singles zu verbringen, dazu die obligatorischen Essensextreme wie vegane Buffet-Spezialitäten oder Würstchen vom Grill geboten zu bekommen und nebenbei erschöpfenden Monologen von Freunden meiner Freunde zu lauschen, die sich wahlweise über hochbegabte Kinder, Viebrockhäuser am Stadtrand oder die geplante Auszeit in Hanoi auslassen – nein, danke. Viel zu anstrengend. Und dann der Alkohol, von dem man in Gesellschaft ja irgendwie nicht lassen kann. Begleitet wird der körperliche und geistige Absturz bei mir erfahrungsgemäß von dem unbezwingbaren Drang, lange zurückgehaltene Wahrheiten zu offenbaren, die ich schon nüchtern nicht mit der nötigen Diplomatie über die Lippen bekommen hätte. Als Folge davon verbringe ich meist den kompletten Januar zu Hause und schäme mich.

Das soll dieses Jahr anders laufen. Mir schwebt das Kontrastprogramm vor: ein besinnlich-gemütlicher Abend allein zu Hause. Mit Fischstäbchen, bedeutsamen Gedanken zum alten und neuen Jahr und einer limitierten Menge Alkohol von allerhöchstens zwei Gläsern Sekt. Sollten die bedeutsamen Gedanken schnell zu Ende gedacht sein oder ins Stocken geraten, würde ich fernsehen bis Mitternacht, danach kurz auf dem Balkon das Feuerwerk bestaunen und anschließend ins Bett gehen. Um so den Januar – statt mit einem schlechten Gewissen – joggenderweise am Ufer der Außenalster zu begrüßen.

Meine Freunde sind ehrlich fasziniert von diesem Plan.

«Echt?», haken sie einstimmig nach und wägen vermutlich insgeheim ab, ob Silvester allein zu Hause nun extrem cool oder extrem armselig ist. Meine Freundin Suse findet es offenbar armselig, denn sie sagt teilnahmsvoll: «Falls dir doch die Decke auf den Kopf fällt, kannst du gern mit mir zu Olafs Party gehen. Die wird zwar vermutlich höchst unspektakulär, ist aber bestimmt besser, als den ganzen Abend allein zu verbringen.»

Ich weiß, sie meint es gut, und verzichte deshalb darauf, ihr zu erklären, dass ich die Sache anders sehe. Auch, aber nicht allein wegen Olaf, der mir nicht sonderlich liegt und dem ich unter Alkoholeinfluss sicher einiges zu sagen hätte.

«Danke, aber ich bin gern allein», erkläre ich freimütig und avanciere mit dieser Aussage in den Augen meiner Freunde endgültig zum Freak. «Ich ziehe mir etwas Nettes an, trage Schuhe, die für draußen zu schade und für eine Party zu unbequem sind, esse, wann und was ich möchte, und lasse bei einem Glas Sekt das alte Jahr noch einmal Revue passieren.»

«Macht dich das nicht melancholisch?» Jana scheint ebenfalls nicht von meiner Idee überzeugt zu sein. «Ich meine, alle sind auf Partys, dein Mann rockt bis spät in die Nacht, und du sitzt allein zu Hause. Also, ich könnte das nicht.»

Ob ich das kann, wird sich erst noch zeigen, aber ich bin

sehr zuversichtlich. Tatsächlich freue ich mich auf den Jahreswechsel wie schon lange nicht mehr.

31. Dezember

7 Uhr 45 • Ich wache auf, weil mein Mann mit hektisch flatterndem Blick fertig angezogen im Türrahmen auftaucht, um sich zu verabschieden. Er ist spät dran, da er dringend noch ein Update für die Navigatorsoftware installieren musste und sich dabei, wie so oft, im Internet verloren hat. «Willst du wirklich nicht mitfahren?», erkundigt er sich halbherzig und ist schon fast aus der Tür.

Mein Ehemann ist ein selbständiger Mensch, der immer alles mit sich ausmacht und meine Gesellschaft allenfalls beim Kotelettenfärben und Weihnachtsgeschenkekaufen für unabdingbar hält. Dass er jetzt noch einmal nachhakt, kann nur der Angst, ich könne während seiner Abwesenheit die Wohnung fleischfarben streichen, geschuldet sein. Ich verneine mit geheimnisvollem Blick und stelle fest, dass Streichen gar keine so schlechte Idee ist.

8 Uhr 10 • Die Tür fällt ins Schloss, und ich trommele mit den Fäusten auf die Bettdecke. Sturmfreie Bude! Der Gedanke an beinahe 48 Stunden allein zu Hause tröstet mich ein wenig über den knappen Abschied hinweg. Um meine Freizeit gebührend zu feiern, surfe ich im Internet. Normalerweise sind technische Geräte bei uns im Schlafzimmer verboten, und aufs Surfen im Bett habe ich höchstpersönlich die Todesstrafe verhängt. Doch wo kein Richter ist … Genüsslich lehne ich mich in die Kissen, schaue kurz nach

Wandfarben und finde stattdessen ein Partykleid, das ich genau genommen ja nicht brauche, weil ich zu Hause bleibe.

8 Uhr 55 • Das Silvesteroutfit ist komplett! Sogar Schuhe und eine Tasche habe ich in meinem virtuellen Einkaufskörbchen gesammelt. Ich speichere die Seite, da die Tatsache, dass ich das Kleid *heute* nicht brauche, ja nicht automatisch bedeutet, dass ich es *gar nicht* brauche. Momentan fühlt es sich aber sehr gut an, das alte Jahr mit einem Verzicht abzuschließen.

9 Uhr 30 • Verzicht ist ja so relativ! Beim Anziehen finde ich mich in meinem überquellenden Kleiderschrank nur schwer zurecht und verspüre den plötzlichen und unbezwingbaren Drang, aufzuräumen und auszumisten. Sich vom Ballast befreien, Flohmarkt- oder Spendentüten packen und mit Ordnung in Kopf und Schrank ins neue Jahr starten – gute Idee! Eine günstigere Gelegenheit, ohne männliche Einmischung und Genörgel, würde sich dafür so schnell auch nicht wieder ergeben. Was mir allerdings für die Aktion fehlt, sind Kleiderbügel und Kartons. Ich beschließe deshalb, nach dem Frühstück zu Ikea zu fahren. Auch etwas, das man – sofern nicht zwei Meter PAX in den vierten Stock getragen werden muss – besser ohne Mann erledigt.

12 Uhr 15 • Nachdem ich auf das Silvesteroutfit heldenhaft verzichtet und die Kleiderbügel vergessen habe, schleppe ich nach vierzig Minuten Möbelschau und fünfunddreißig Minuten Anstehen an der Kasse zwei neue Küchenstühle in den vierten Stock. Außerdem MASKROS, die Hängeleuchte, die ein dekoratives Blümchenmuster an die Wand zaubert, und ein unaussprechliches, vierteiliges Vasenset. Dazu hundert Papierservietten und fünfzig Teelichter, an denen man irgendwie nie vorbeigehen kann. Fix und fertig tausche ich Jeans und Pulli gegen einen strapazierfähigen Schlabberlook, den ich am Ende meiner Aufräumaktion auszumisten gedenke. Dann breite ich meine Schätze in der Küche aus. Irgendwie habe ich ein Energietief und würde am liebsten wieder ins Bett gehen, doch der Wille ist stärker. Der freie Tag muss ausgenutzt werden! Kurzentschlossen greife ich im Kühlschrank nach der Sektflasche und schenke mir ein Glas ein. Meine selbstauferlegte, maximale Abendration von zwei Glas Sekt bedeutet ja nicht, dass ich die anderen beiden Gläser nicht am Nachmittag zu mir nehmen darf.

13 Uhr • Mir war entfallen, dass Sekt vor 18 Uhr müde macht. Habe es gerade noch geschafft, alle Kleidungsstücke vom Schlafzimmerschrank aufs Bett zu werfen, und liege obenauf, um mich ein wenig auszuruhen.

13 Uhr 30 • Ich wache auf, weil mein Mann anruft. Normalerweise ruft er mich nie von unterwegs an. Normalerweise läuft es so, dass ich irgendwann spätnachts in tiefer Sorge und mit tränenerstickter Stimme bei IHM anrufe. Wie sich herausstellt, ist sein Anruf nicht der tiefverwurzelten Angst, ich könne die Wohnung in der falschen Farbe gestrichen haben, geschuldet, sondern dem Umstand, dass das Unmögliche geschehen ist: Er hat sich verfahren. Was er selbstverständlich nicht sofort und schon gar nicht freiwillig zugibt. Erst als ich seine Bitte, im Internet nachzuprüfen, ob er jetzt die richtige Fahrtroute eingeschlagen habe, mit der verschlafenen Gegenfrage «Bist du denn noch nicht angekommen?» quittiere, rückt er mit der Wahrheit heraus.

«Nein. Ich bin in Eulo.»

«In … wo?» Ich muss über den Reim lachen, aber das kommt nicht gut an.

«In Eulo. Das ist bei Cottbus.»

Schweigen. Ich weiß nicht, was ich sagen soll, bin auch irgendwie noch müde und nicht ganz bei Sinnen, deshalb entscheide ich mich für das denkbar Falsche: «Bist du denn nicht nach dem Navigator gefahren?» Schließlich hatte der ja ein frühmorgendliches Update erhalten.

«Doch.» Wieder schweigen. «Der spinnt aber irgendwie.»

Ach so. Klar. Ich muss mich nun entscheiden, ob ich die gute oder die logische Ehefrau sein will. Und ob ich einen Streit provozieren oder die Wahrheit erfahren möchte. Statt: «Hättest du mal statt des Navis den Europa-Atlas eingesteckt», suggeriere ich Mitgefühl und sage: «Mist.»

Mein Mann dankt es mir mit der ganzen Wahrheit. Statt der Adresse des Ziels habe er die Koordinaten eingegeben. Ein Experiment, das nun offiziell als gescheitert anzusehen ist. «Ich hab hier megaschlechten Empfang. Könntest du bitte bei den anderen anrufen und ihnen sagen, dass ich mich verspäte?»

14 Uhr 05 • Habe dem Mann die Route bestätigt und außerdem nach längerem Suchen endlich die Nummer vom Gitarristen gefunden. Dann verliere ich mich beim Durchstöbern meines übervollen Smartphones. Irgendwann piekt mir ein Bügel in den Rücken, und meine unbequeme Lage erinnert mich ans Aufräumen. Wie sich herausstellt, benötige ich den Platz auf dem Bett zum Zwischenlagern, sodass ich – bevor ich den Anruf tätige – nur schnell die Klamotten ins Wohnzimmer schleppe. Dort sortiere ich alles nach Farben und stapele es akribisch.

14 Uhr 35 • Es klingelt an der Haustür. Tina, unsere Nachbarin, steht im Treppenhaus. Auf dem Arm ihre Tochter, die vierjährige Nora. Beide sehen gleichermaßen verstört aus, als sie an mir vorbei auf das Chaos im Wohnzimmer blicken. Verschämt murmele ich etwas von «Neujahrsputz» und schließe schnell hinter mir die Zimmertür.

«Könntest du mir Nora vielleicht eine Stunde abnehmen?», rattert Tina ihr Anliegen herunter und hat ihr Kind auch schon in unseren Flur geschoben. «Ich muss dringend noch ein paar Dinge erledigen, da stört die Kleine nur.»

Ich würde ja eigentlich lieber mit meinen Kleidern allein sein und bin auch nicht gerade eine Spezialistin in Sachen Kinderbetreuung, dafür aber nett.

14 Uhr 50 • Vorsatz fürs neue Jahr: auch mal nein sagen. Nora hat die Kleiderstapel im Wohnzimmer entdeckt, findet die Farbsortierung langweilig und hat die geschichteten Häufchen deshalb in unzählige Einzelteile gesprengt. Ich habe keine Zeit, sie daran zu hindern, denn das Telefon klingelt schon wieder.

14 Uhr 55 • Meine Mutter ist dran. Obwohl sie beinahe achtzig ist, führt sie ein Leben wie ein Teenager: telefonieren, schlafen, essen, telefonieren, fernsehen, schlafen. Ich erfahre, dass seit heute noch eine weitere Beschäftigung dazugehört: feiern. Die Freundin ihrer Freundin Trudi sei überraschend krank geworden, weshalb Mama für sie einspringt und mit Trudi auf die gebuchte Veranstaltung geht. Ein Theaterstück mit anschließender Party.

Auf der Reeperbahn.

«Himmel.» Ich weiß gar nicht, was ich dazu sagen soll. «Wie willst du denn dorthin kommen?» Während ich im Geiste ihre Möglichkeiten überschlage, versuche ich nebenbei, Nora eine bestickte Seidentunika zu entwenden. Meine Mutter wohnt am Stadtrand. Trudi noch ein Stück weiter draußen. Ein Taxi zu bekommen ist an Silvester unmöglich. Das weiß auch Mama, denn sie sagt jetzt inbrünstig: «Mit dem Auto natürlich.»

Dass meine Mutter noch Auto fährt, ist mir schon an Tagen, an denen das Wetter offen, die Sicht gut und die Straßen frei sind, ein Dorn im Auge. Zumal sie für mein Empfinden etwas zu schnell fährt. Sie nennt es zügig, aber das läuft auf dasselbe hinaus. Dellen in Rückspiegel und Kotflügel sprechen meine Sprache. Da Mama sich aber nur in ihrem Stadtteil fortbewegt und wahlweise zum Markt oder zum Friseur fährt, wird sie zum Glück nie erwischt, und ich lasse sie zähneknirschend gewähren. Silvester auf die Reeperbahn zu fahren, übersteigt jedoch meine Großherzigkeit. «Muss das sein? Also, dass ihr mit dem Wagen fahrt? Denk doch bitte an die Böller. Die werfen euch die Leute vor das Auto, dann erschrickst du, verreißt das Steuer und ...»

«Trudi fährt.»

Ach so. Trudi ist zwei Jahre älter als meine Mutter und

leidet unter unkontrollierbaren Schwindelattacken. Darf man seine Mutter zwingen, zu Hause zu bleiben?

«Wir fahren nur bis zum Bahnhof. Dort nehmen wir die S-Bahn. Ist dann quasi von Tür zu Tür.»

Quasi. Vierzig Minuten Bahnfahrt mit böllernden Verrückten, fliegenden Flaschen und den Gefahren, die ein Besuch der Reeperbahn schon an normalen Tagen mit sich bringt – ich kann mich irgendwie nicht so richtig freuen.

15 Uhr 15 • Bin mit Mama übereingekommen, dass sie die Sache noch mal mit der Nachbarin bespricht, die gerade bei ihr geklingelt hat. Keine Sekunde zu spät habe ich die Hände frei, um Nora daran zu hindern, eine meiner Ketten in einen Perlenhaufen zu zerlegen. Ich drücke dem Kind stattdessen einen verhedderten Fransengürtel zum Entwirren in die Hand und versuche, wieder Ordnung ins Chaos zu bringen. Hoffentlich beginnt bald der entspannte besinnliche Abend!

15 Uhr 18 • Suse ruft an. Ihr fehlt für Olafs Party, die sie meiner Erinnerung nach im März noch als *höchst unspektakulär* bezeichnet hatte, mein getigerter Mantel. Meinen Einwand, es handele sich dabei um einen Sommermantel und draußen herrschten Minusgrade, ignoriert sie und wird gleich vorbeikommen, um sich das Teil abzuholen.

15 Uhr 20 • Nora hat Hunger und will ein Eis. Ich finde, das passt nicht zusammen, außerdem habe ich kein Eis, und biete ihr deshalb eine Banane an. Sie rümpft die Nase, und einen Moment hat es den Anschein, als wäre dies das Ende unserer zarten Freundschaft, doch dann habe ich eine Idee. Ich schlage vor, eine Banane in ein Bananeneis zu verzaubern, was etwa eine halbe Stunde dauern würde und wofür es wichtig wäre, dass sie den Kühlschrank so lange nicht aus den Augen lässt. Unbemerkt von ihr stecke ich die Banane ins Gefrierfach, und Nora nimmt im Schneidersitz auf dem Küchenboden Platz und wartet. Da ich über keinerlei Erfahrungen verfüge, was mit Bananen im Gefrierfach geschieht, schreibe ich eine verzweifelte SMS an Tina, damit sie ihrer Tochter von unterwegs ein Bananeneis mitbringt.

15 Uhr 45 • Nora ist auf dem Küchenfußboden eingeschlafen. Ich bin darüber sehr erleichtert und leere übersprungsartig ein zweites Glas Sekt. Im Wohnzimmer quäle ich mich mit der Entscheidung, welche Teile ich ausmisten soll, und beschließe, die Sache mit Suse zu besprechen, die gleich klingeln wird.

15 Uhr 50 • Suche auf YouTube nach einem lustigen Kinderfilm, falls Nora aufwacht, und finde stattdessen ein interessantes Video über Hochsteckfrisuren. Ich entscheide mich für den *French Twist* und bin sehr froh, dass ich die Technik nicht bis heute Abend draufhaben muss. Momentan sieht die Frisur aus wie eine verdörrte Topfpflanze auf der Fensterbank einer HSV-Kneipe.

16 Uhr 15 • Suse und Tina klingeln gleichzeitig. Sie beäugen meine Frisur und reagieren sehr unterschiedlich. Suse hat spontane Optimierungsvorschläge, Tina verspürt den intensiven Wunsch, ihr Kind in Sicherheit zu bringen. Da sie kein Handy dabeihat, hat sie auch kein Eis mitgebracht. Sie klemmt sich die schlafende Nora unter den Arm, bedankt sich mit einem skeptischen Blick auf das Sektglas in meiner Hand und das Ikea-Chaos in der Küche und ist schneller fort, als ich ihr die angefrorene Banane in die Hand drücken kann.

Suse hat eine Flasche Sekt mitgebracht, die ich in den Kühlschrank stelle und stattdessen meine gekühlte Hälfte, die für den Abend gedacht war, opfere. Wir teilen den Rest und suchen anschließend im Durcheinander des Wohnzimmers nach dem getigerten Mantel. Ein weiteres Glas später, aus der neuen Flasche, haben wir ihn gefunden und sind übereingekommen, dass keines meiner Kleidungsstücke dringend ausgemistet werden müsste. Das Problem ist der Schrank. Er ist zu klein.

17 Uhr • Habe, nachdem Suse fort war, im Internet den perfekten Schrank gefunden. Ich will gerade das Schlafzimmer ausmessen, als der Gitarrist anruft und sich erkundigt, wo mein Mann bleibt. Sie müssten in zehn Minuten mit dem Aufbau fertig sein, aber konnten noch nicht einmal beginnen. Ich stottere mich durchs Gespräch und rufe gleich danach meinen Mann an, doch der steckt noch immer im Funkloch.

17 Uhr 05 • Vorsatz fürs neue Jahr: die Dinge sofort erledigen. Ich bin jetzt in einem Alter, in dem man alles, das man aufschiebt, vergisst.

17 Uhr 15 • Mama hat sich entschieden. Die Nachbarin hat ihr zu der Party geraten, was irgendwie klar war, da es sich

bei ihr um eine feierfreudige Polin handelt, die keine Gelegenheit zur Geselligkeit auslässt. Um diesen Tipp loszulas-
sen, hat sie schnell von zu Hause eine Flasche Baileys geholt,
weshalb Mama nun lallt. Aber sie muss ja nicht mehr fahren.

In unserer Wohnung sieht es furchtbar aus. Schlafzimmer und Wohnzimmer sind übersät mit Klamotten, das Geschirr vom Frühstück steht noch in der Küche, außerdem
die verpackten Küchenstühle, MASKROS und das unaus-
sprechliche vierteilige Vasenset. Und natürlich hundert
Papierservietten sowie eine Banane, die ich eben vor dem
Gefrierbrand gerettet habe.

Draußen ist es längst dunkel. Böller explodieren, und
der Himmel funkelt schon ein wenig. Mit der Dunkelheit
kommt die Melancholie. Ich erinnere mich an meinen ver-
storbenen Vater, der seine Raketen grundsätzlich gegen
acht, kurz vor dem Fondue, abschoss, damit er etwas davon
hatte. Und um zu sehen, ob alles funktionierte. Andernfalls
stand er am nächsten Werktag in der Drogerie, in der er
das Feuerwerk erstanden hatte, und beschwerte sich. Was
würde er dazu sagen, dass Mama den Jahreswechsel auf der
Reeperbahn begeht?

Vermutlich das, was er immer gesagt hat: «Mach du nur,
aber lass mich zu Hause.» Also in etwa dasselbe, das ich
gern gesagt hätte.

18 Uhr • Erste Zweifel, ob ich den Abend allein durchstehe,
machen sich breit. Ich möchte gar nicht über Vergangenes
nachdenken. Auch nicht über Kommendes. Geht auch gar
nicht mehr, da ich die von mir limitierte Menge Alkohol
längst überschritten habe. Wie sich zeigt, kann man sich

auch allein herrlich betrinken. Verdammt. Ich hätte doch mit nach Dresden fahren sollen!

18 Uhr 30 • Habe mir zur Depressionsbewältigung ein Glas eisgekühlte Bananenbowle gemixt und ausgetrunken. Seit dem Vitaminschub läuft das Aufräumen wieder rund. Die versprengten Klamotten sind eingesammelt und in den Kleiderschrank gestopft. Vorsatz fürs neue Jahr: aufräumen.

18 Uhr 31 • Oder einen neuen Schrank kaufen.

18 Uhr 35 • Hole die Hälfte meiner Klamotten noch einmal hervor, da ich das neue Jahr ja in stilvoller Kleidung begehen will. Mir war kurz entfallen, dass ich Schlabberlook am Körper und eine Topfpflanze auf dem Kopf trage. Bevor ich mich umziehe, checke ich nur noch kurz das Fernsehprogramm.

18 Uhr 50 • Die Auswahl ist erschreckend. Im Grunde genommen habe ich das Beste schon verpasst. Jetzt gibt es nur noch Geblödel oder Musik. Warum wollen alle, dass man sich an Silvester kaputtlacht?
Beim Thema Musik fällt mir plötzlich mein Mann wieder ein. Ich versuche noch einmal, ihn zu erreichen, und bereue es Sekunden später. Er ist wegen seiner Verspätung gestresst und findet, wir bräuchten keinen neuen Schrank. Stattdessen schlägt er mir vor, mal aufzuräumen. Sein Schrank platze aus allen Nähten, und er beabsichtige, zumindest die Hemden für die Band in meinen Schrank auszulagern. Aufgrund des Platzmangels habe er sich nämlich aus Versehen

ein Pyjamaoberteil gegriffen, sodass er sich für den Auftritt ein Hemd vom Oberkellner leihen musste.

Leider habe ich inzwischen eine fatale Menge wahrheitsfördernden Alkohol intus, sodass ich zu bedenken gebe, dass an seinem Stress wohl kaum der Schrank, sondern vielmehr der Navigator, zumindest aber das fehlgeschlagene Update schuld sei. Ein Wort gibt das andere, und wir haben Streit.

19 Uhr • Der Mann ruft an und gibt zu, dass der Navigator ihn stresst. Trotzdem bräuchte ich keinen neuen Schrank.

19 Uhr 10 • Er ruft noch einmal an. Ich kriege den Schrank. Aber nur wenn er außer den Bandhemden auch noch die Kiste mit den Kabeln darin unterbringen dürfe, die ich im Geiste bereits für den Recyclinghof gepackt hatte. Ich erbitte mir Bedenkzeit.

19 Uhr 30 • Ich rufe zurück und rege an, über einen Umzug nachzudenken, da wir wohl beide einen neuen Schrank bräuchten.

19 Uhr 55 • Habe gerade allen Ernstes den Kreditrechner im Internet bemüht, um mal zu gucken, was ein Viebrockhaus am Stadtrand kosten würde. Abgesehen davon, dass wir uns von einer solchen Ausgabe weiter entfernt befinden als Eulo von Dresden, habe ich damit offiziell ein Thema angeschnitten, mit dem ich heute Abend auf keinen Fall etwas zu tun haben wollte. Verkehrte Welt. Gut möglich, dass sogar Olafs Party besser läuft als mein entspannt-besinnlicher Abend.

20 Uhr 10 • Mein Innerstes weiß nicht, ob es tendenziell lustig oder endgültig wehmütig werden soll. Um mich abzulenken, beginne ich damit, erste gute Wünsche an meine Freunde per SMS zu verschicken. Weiß ja jeder, dass man um Mitternacht zu beschäftigt, zu blau oder die Leitung überlastet ist. Auf meinem Handy stoße ich dabei durch Zufall auf die Nummer meines Exfreundes Paul. Er soll aber keinen Gruß erhalten, wir haben schließlich schon lange keinen Kontakt mehr.

20 Uhr 30 • Habe ihn stattdessen gegoogelt.

20 Uhr 35 • Na ja, und ihm eine sehr kurze Nachricht geschickt. Nichts Weltbewegendes. Nur einen Gruß.

20 Uhr 40 • Aus Höflichkeit MUSS er mir nun antworten.

20 Uhr 42 • Oder?

20 Uhr 45 • Noch nichts. Idiot. Weiß nun wieder, warum er mein Exfreund ist.

20 Uhr 48 • Okay, es war kein Gruß. Ich habe ihm vorgeworfen, bei unserer Trennung etwas von meinen Sachen eingesteckt zu haben, das ich dringend wiederhaben möchte. Ich weiß nur nicht mehr, was es war, da ich die SMS aus Wut gelöscht habe.

20 Uhr 55 • Vorsatz fürs neue Jahr: nicht mehr über Männer ärgern. Weder über den eigenen noch über fremde.

21 Uhr 08 • Himmel! Sogar Florian Silbereisen hat für seine Fernsehshow den Trachtenjanker gegen einen festlichen Anzug getauscht. Nur ich sehe aus wie Rosi aus der Raucherkneipe. Zum Glück bin ich allein zu Hause.

21 Uhr 20 • Es war ein Fehler, allein zu Hause zu bleiben, das lässt sich nun nicht mehr schönreden. Die Fischstäbchen waren zwar lecker, aber das Fernsehprogramm ist unerträglich, und ich bin alles andere als entspannt. Dafür aber dun wie zehn Russen, und deshalb ziehe ich mir jetzt statt des glamourösen Silvesteroutfits meinen Pyjama an.

21 Uhr 40 • Wann fängt eigentlich das neue Jahr genau an, um Mitternacht? Oder wenn man am 1. Januar aufwacht? Oder womöglich erst am 2. Januar, weil man da endlich wieder fit ist?

21 Uhr 42 • Räume die Küche auf und sehe aus dem Augenwinkel, dass es in unserem Innenhof blinkt und funkelt. Total schön. Irgendwie außergewöhnlich.

21 Uhr 45 • Es ist die Feuerwehr.

22 Uhr • Du liebe Güte! Ich trete auf den Balkon und schaue genauer. Die anderen Nachbarn stehen ebenfalls draußen. Verunsichert über mein Zittern und den karierten Pyjama, erklärt mir Tina über die Brüstung hinweg, dass im Dachstuhl des gegenüberliegenden Seniorenheims eine Rakete eingeschlagen ist. Jetzt brennt es.

22 Uhr 25 • Eine Etage Rentner wird evakuiert. Trotz der Böller hört man deutlich, dass die Polizei darum bittet, nicht im Weg herumzustehen, allen ginge es gut und es gäbe auch nichts zu helfen. Ich schließe betroffen die Tür und bin froh, dass Mama nur auf der sicheren Reeperbahn unterwegs ist.

22 Uhr 50 • Liege im Bett und schaue durch das Fenster in den bunt erleuchteten Himmel. Die armen Bewohner des Dachgeschosses gehen mir nicht aus dem Kopf. Alte Menschen, die für einige Zeit ihr Zuhause verloren haben. Als wäre ihr Leben nicht bereits zum Bersten voll mit Erfahrungen.

Draußen hört es sich an, als sei Mitternacht. Ich habe keine Lust, auf die Uhr zu schauen, es ist nicht wichtig. Silvester wird definitiv überbewertet. Kleiderschränke auch. Man muss froh sein, wenn man überhaupt einen Schrank hat, über den man sich ärgern kann. Und einen Mann.

1. Januar

8 Uhr 30 • Wache auf, weil ich eine SMS von Paul bekomme: «Ich soll WAS eingesteckt haben? Rosa Eierbecher? Soll das eine Anmache sein?»

9 Uhr • Vorsatz fürs neue Jahr: schlechte Energie, wie zum Beispiel Ärger, in gute umwandeln. Etwa beim Joggen um die Alster. Aber noch nicht heute. Heute bleibe ich zu Hause und schäme mich.

Dietrich Faber

Posaunenfeuerwerk

M an müsste eigentlich auch mal wieder den Keller aufräumen.»

Solche kühnen Sätze sage ich mir manchmal. Dabei bleibt es dann allerdings meist. Beim Sagen. Denn das Schöne an einem Keller ist ja, dass er so tief unten in seinem Chaos unbeachtet sein Dasein fristen kann, ohne mich oben aus der Ruhe zu bringen. Man darf nur nicht den Fehler machen, allzu häufig hinunterzugehen.

Trotzdem nehme ich mir immer wieder aufs Neue in aller Ernsthaftigkeit vor, wenigstens die feuchtgeschimmelten Umzugskartons der Jahre 1992–1997 zu entrümpeln. Und dann stehen da ja auch noch so andere Sachen rum. Der Radiorecorder mit dem Doppelkassettendeck und der abgebrochenen Antenne zum Beispiel, die Monchichi-Puppen ohne Augen oder die mit lustigen Pimmelbildern verzierten Lateinbücher aus der Mittelstufe, die aus Trotz der Schule nicht wieder zurückgegeben wurden. Das könnte ja eigentlich ruhig mal alles weg. Müsste es eigentlich auch. Irgendwann einmal. Doch dafür braucht man Zeit. Und die habe ich nicht. Behaupte ich wenigstens.

«Zwischen den Jahren», schießt es mir dann im Juni

durch den Kopf, da hätte ich Zeit, da könnte ich das doch prima machen. Ebenso wie Wohnzimmerwände streichen, Winterreifen wie immer zu spät anmontieren lassen, Pfandflaschen der letzten vier Jahre zurückbringen, Kinderzimmer zu Jugendzimmern umzimmern und Kaffeevollautomaten im Internet bestellen.

«Man müsste sich eigentlich doch echt mal wieder in Ruhe treffen.»

Auch so ein Satz, der mir im Laufe des Jahres immer wieder durch den Kopf schießt. Mit alten, inzwischen wahrhaftig nicht mehr allzu jungen Freunden, die irgendwann einmal in die Ferne gezogen sind. Mit denen, die ich so lange nicht mehr gesehen habe und die wie ich das ganze Jahr behaupten, im Leben wahnsinnig beschäftigt zu sein. Doch um all diese Menschen einmal wiederzusehen, braucht man Zeit. Und wann hat man die schon? Zwischen den Jahren, das passt doch perfekt, da seien sie in der Nähe, und da könne man sich doch bestens treffen.

«Man müsste doch eigentlich jetzt endlich mal die Steuer machen.»

Ein Klassiker. Zwar habe ich zum Glück inzwischen dafür eine Beraterin, doch damit diese überhaupt ihre Arbeit anfangen kann, muss ich suchen. Oft sehr lange suchen, in den Tiefen meines Schreibtischs, nach Belegen, Rechnungen, Formularen und Quittungen. Und dafür brauche ich Zeit. Viel Zeit. Mehr Zeit, als ich vorher stets dachte.

Und wann habe ich die schon? Nun ja, zwischen den Jahren vielleicht?

«Man müsste sich doch eigentlich endlich mal ausruhen.»

Denn so ein Leben ist anstrengend. Erschöpfung oder

ähnlich Unschönes macht sich da mitunter breit. Und da müsste man doch eigentlich mal ein paar Tage wegfahren. Einfach so. In ein Hotel mit außergewöhnlichem Ambiente in eindrucksvoller Landschaft, mit lohnenden Ausblicken und liebevoll eingerichteten Zimmern, mit flauschigen Bademänteln und romantischen Candle-Light-Dinnern, mit reichhaltigen Frühstücksbuffets und großzügigen Wellnessbereichen, mit entspannenden Verwöhnmassagen und hochwertigem Aromaöl. Und endlich hätte man in dieser aufdiktierten Wohlfühlatmosphäre mal so richtig Raum dafür, zwanglos die im letzten Jahr unter den Teppich gekehrten Beziehungskrisen entspannt wieder hochkommen zu lassen und aufzuarbeiten.

Wann hat man dafür schon mal Zeit? Ich weiß es. Zwischen den Jahren.

Zwischen den Jahren … das ist die Zeit im Jahr, die für alles herhalten muss, was im gesamten Jahr versäumt oder aufgeschoben wurde. Und wenn es dann urplötzlich so weit ist, wenn also die Weihnachtsfeiertage absolviert sind und die Zwischen-den-Jahren-Jahreszeit anbricht, dann wird mir auf einmal klar, dass das ja nur vier Tage sind. Vier dürre Tage, an denen das alles reingepackt werden soll? Unmöglich. Ich sage also alles ab und gucke stattdessen die Vierschanzentournee plus Qualifikation und Nachberichterstattung im Fernsehen.

Außerdem steht ja auch Silvester an. Und darauf muss sich in diesen vier Tagen auch hinreichend vorbereitet werden, vor allem mental. Für mich ist das bitter nötig. Ich habe zu Silvester nämlich ein gebrochenes Verhältnis. Und wie bei gebrochenen Verhältnissen so üblich, liegt die Ursache dafür bereits in der Kindheit.

Ich möchte jetzt nicht so weit gehen, von einem Trauma zu reden, aber alljährlich das neue Jahr mit alten Männern eines evangelischen Posaunenchores zu beginnen, bringt einen Heranwachsenden nicht unbedingt in euphorische Wallung. Vorsichtig formuliert.

Im Alter von zehn bis achtzehn stand ich jedes Jahr am 31. Dezember ab 23 Uhr auf dem Kirchturm meiner heimatlichen Kirchengemeinde und blies die protestantische Posaune. Ob ich wollte oder nicht. Es gab kein Entrinnen, kein In-Frage-Stellen. Mein Vater war der Leiter des Chores, also ging ich da hin. Basta. Es war ein bisschen wie Schule.

Ganz oben auf dem Turm bauten wir Jahr für Jahr direkt neben den Kirchenglocken unsere tiefgefrorenen Notenständer auf, musizierten eine Weile und bildeten uns ein, dass dies außer uns durch die dünnen Fensterlein noch irgendjemand anderes hören könnte, geschweige denn wollte. Ab 0 Uhr ertaubten wir dann gemeinsam Gott zur Ehre in protestantischem Gleichmut am Geläut der Glocken.

Die Pfarrfrau goss dann immer Sekt in die abgezählten Gläser, und dann ging man mit seinem Glas umher, reichte sich distanziert die Hand und schrie sich dabei gegenseitig «Prost Neujahr» ins Gesicht, was der andere aufgrund des ohrenbetäubenden Geläuts allerdings nicht hören konnte. Das war neun Jahre lang mein Ritual, «the same procedure as every year». Ich brauchte kein vorabendliches «Dinner for One», ich hatte den Kirchturm. Mein Vater bemerkte natürlich irgendwann, dass ich dem Kirchturm-Konzert nicht unbedingt schon begeistert seit Wochen entgegenfieberte. Dann sagte er immer, vermutlich um mich aufzuheitern: «Schau doch mal, von nirgends kannst du so schön das Feuerwerk beobachten wie vom Kirchturm aus.» Da mag er ja recht gehabt haben, doch die Fenster dort oben waren bessere Gucklöcher, und meist standen schon andere davor und machten Aaah und Oooh. Ich starrte dann stattdessen gedankenverloren auf diese riesigen Glocken. Als ich das erste Mal Quasimodo im Fernsehen sah, fühlte ich mich ihm seltsam nah.

Okay, ich gebe zu, in der ersten Zeit, mit zehn, elf, zwölf, vielleicht auch noch mit dreizehn Jahren gefiel mir das alles noch ein bisschen. Es hatte schon was, ganz dort oben zu sein, da wo sonst außer uns keiner sein durfte. Ich fühlte mich privilegiert.

Doch dieses Gefühl hielt sich nicht allzu lange. Spätestens als die ersten Achselhaare wuchsen, war es endgültig vorbei damit. Ich hatte nur eine ungefähre sehnsuchtsvolle Ahnung davon, wie meine Freunde dort unten in den weltlichen Niederungen diese Nacht verbrachten. Doch eigentlich wollte ich es so genau auch nicht wissen. Denn eines war mir schon klar. So richtig sexy ist das hier oben nicht, mit all diesen alten Männern und der Spucke, die man nach jedem Choral aus seinem Instrument entleert.

Je jugendlicher ich wurde, desto häufiger schneiten Einladungen von Gleichaltrigen herein, die an Silvester wilde Partys zu feiern gedachten. Wie sollte ich damit nun umgehen?

Ein Dilemma.

Sollte ich mich um 23 Uhr einfach leise verdrücken?

Oder sollte ich stattdessen laut in die angetrunkene Runde von sechzehnjährigen Halbstarken rufen: «So, Leute, ich zieh mal weiter, geh jetzt zum Lobe-den-Herren-Blasen zu meinem Posaunenchor auf den Kirchturm.»

Nein, das konnte nicht die Lösung sein.

Doch ich war nicht alleine. Es gab weitere jugendliche Posaunenchor-Leidensgenossen, die irgendwann in sich spürten, dass es so nicht ewig weitergehen könne. Es musste sich etwas ändern. Im Alter von 16 Jahren müsste man doch auch mal Silvester anders feiern dürfen. Und so planten wir die große Revolte.

Als eines Tages wieder einmal in der Übungsstunde unser Silvestereinsatz besprochen wurde, stand unser Wortführer auf und verkündete mit zittriger Stimme, dass wir Jugendlichen dieses Mal nicht dabei sein werden. Wir hätten uns entschieden, in diesem Jahr mit unseren Freunden feiern zu wollen.

Fassungslosigkeit machte sich in weiten Kreisen des Chores breit, doch wir blieben standhaft. Es kamen Gegenvorschläge: wir könnten doch unsere Freunde mit auf den Turm nehmen. Das wiederum wollten wir dem Chor nicht zumuten, zu gut kannten wir unsere Freunde.

Nein, wir blieben in der Sache hart und der Veranstaltung fern. Wir fühlten uns wie trompetende Che Guevaras. Heute weiß ich, dass der Posaunenchor die alte Silvestertradition verändert hat. Der Chor trifft sich inzwischen bereits um 18 Uhr, steigt auf den Turm, musiziert ein wenig, und dann geht jeder seine eigenen Wege. Er hat sogar viele junge Mitglieder, denen ein Schicksal wie meines erspart bleibt. Und welchen Helden haben sie das zu verdanken? Uns!

Nach Beendigung meiner Posaunenchor-Karriere musste ich dann urplötzlich mit dieser neuen, so ungewohnten Silvesterfreiheit klarkommen und lernen, was andere junge Menschen an Silvester so machen. Saufen zum Beispiel.

Das war nicht leicht. Wie ein entlassener Häftling oder ein DDR-Bürger 1989 überforderte mich diese neue Situation über alle Maßen. Plötzlich musste ich ganz frei entscheiden, wie ich diese Nacht verbringen wollte. Zunächst galt es, vieles erst einmal nachzuholen. Endlich musste ich mir nicht mehr das Feuerwerk durch die Kirchturmluke anschauen, sondern ich durfte selber einer derer sein, die das Zeug in die Luft ballern.

Und wie fast immer im Leben ist die Sehnsucht, sind die Träume viel schöner und größer als die Realität. Mehrmals verbrannte ich mir beim Zünden irgendwelcher blöden Böller die Finger, und zum Schluss verpuffte unter dem Gelächter meiner Freunde mit einem dünnen Püpschen mein großspurig angekündigtes Raketenfeuerwerk und blieb traurig im Bordstein liegen.

Der Pubertät entwachsen, setzte ich mich nun Jahr für Jahr unter Druck, an Silvester nun die ganz besonders tollen Dinge erleben zu müssen. Schließlich war ich nun den Fesseln der Kirchturmpflichten entwachsen und genoss die Freiheit, Jahr für Jahr die beste Party der Region miterleben zu können. Theoretisch. Natürlich gab es die nie. Irgendwann mit Anfang zwanzig gestand ich mir ein, ich mag es weder laut, noch mag ich viele Menschen auf engem Raum, noch möchte ich mein Unterbein durch Böller verlieren. Doch mit nur einem einzigen Freund zu feiern und gemeinsam darüber zu jammern, dass man im vergangenen Jahr von heißgeliebten Freundinnen verlassen wurde, konnte auch keine dauerhafte Option für die Zukunft sein. Mir war klar, Silvester und ich, wir werden keine dicken Freunde mehr. Jedenfalls stoßen wir nicht mehr gemeinsam aufs neue Jahr an.

Irgendwann, wie das Leben so spielt, wurde ich dann Vater. Und so entstand plötzlich für eine gewisse Zeit eine ganz neue Silvesterkultur. Ich erinnere mich noch gut an «Partys», auf denen wir mit allen Eltern der Kleinstadt zusammentrafen, die auch keinen Babysitter gefunden hatten. Das schweißt zusammen. Meist waren es Bekannte von Bekannten der eigenen Bekannten, die selbst wiederum ganz kurzfristig abgesagt haben. So saß man dann an Silvester mit Menschen zusammen, die man eigentlich gar nicht kannte, geschweige denn sonderlich mochte. Spätestens ab 21.30 Uhr waren alle Gesprächsthemen ausgegangen, jegliches Blei vergossen und das restliche Fondue verspeist. Von nun an waren wir ausschließlich damit beschäftigt, alle drei Minuten die Frage der übermüdeten Kinder zu beantworten, wie lange es denn noch bis Mitternacht sei.

Früher dachte ich immer, es sei das Schlimmste, an Silvester zu Hause alleine oder mit der Ehefrau vor dem Fernseher zu sitzen und den Silvesterstadl zu gucken. Dann sei alles zu spät, da war ich mir sicher. Der Anfang vom Ende, tiefer könne man nicht fallen.

Doch es geht noch trauriger: nämlich alleine in einem ca. zehn Quadratmeter kleinen Hotelzimmer in Neckarsulm den Beginn des neuen Jahrtausends zu begehen. Ich arbeitete damals als Kabarettist in einem Duo, das für eine große

Millenniums-Silvestergala engagiert wurde. Und zwar in die Stadthalle nach Neckarsulm. Klingt bedrohlich und war es auch.

Wir ließen uns schlicht und ergreifend kaufen. Warum auch nicht, es war ja schließlich unser Beruf. Und da das neue Millennium damals so gehypt wurde und alles gaaaanz besonders sein musste, war auch unsere Gage ganz besonders, ebenso wie die tausend Besucher ganz besonders betrunken waren, und das schon ganz besonders früh.

Auf alles andere schienen dieses schwäbisch-angeheiterten Menschen Lust zu haben, nur auf eines ganz bestimmt nicht: auf wortlastiges, hintersinniges Kabarett. Wir hatten zwei Kurzauftritte zu absolvieren, der erste um 22.30 Uhr, der zweite dann um 1.30 Uhr.

Mein Bühnenpartner hatte seine Lebenspartnerin dabei, ich war allein. Meine Frau war mit unserem damals dreijährigen Sohn bei einer Freundin weit weg in München. Sie hatte das richtige Gefühl im Bauch.

Unter Nichtbeachtung des Publikums spielten wir unser erstes Set runter. Schön war es nicht, aber jeder Beruf hat eben auch seine Schattenseiten. Keiner hörte zu, alle redeten und tranken weiter. Nun war es inzwischen nach 23 Uhr, der große Countdown rückte immer näher und ich immer weiter davon ab, den Moment des Jahreswechsels mit all diesen Menschen in dieser Stadthalle zu verbringen.

Ich ging hinaus und rauchte eine. Ich sehnte mich nach meiner Familie und sogar kurz nach dem Kirchturm und dem Posaunenchor. Plötzlich fühlte sich diese Erinnerung warm an: diese immer wiederkehrenden Rituale, dieser geschützte Raum dort oben, der Sound der Glocken, der

Trompeten und Posaunen, das mürrische «Prost Neujahr». All dies war um Welten besser als das, was hier gerade vonstattenging. Gerade als mich die Melancholie der verklärten Erinnerung erfasste, brüllte mich ein adipöser Schwabe mit schlechtem Atem und einem T-Shirt mit der Aufschrift «Bier formte diesen schönen Körper» von der Seite an.

«… Hassema Feuer», rülpste er mir ins Gesicht.

Nun war mir klar: Ich muss hier weg. Weg von diesen Menschen, von dieser Halle, von diesem T-Shirt. Schnurstracks ging ich zurück in unser Hotel und zwängte mich in mein winziges, karges Einzelzimmer. Kein Bild an der Wand, kein Obst auf dem Tisch, keine Farbe an der Tapete, dafür Schamhaare in der Dusche. Wenn ich für mein Leben einen formvollendeten trostlosen Suizid ins Auge gefasst hätte, dann wäre dies hierfür der richtige Ort zum richtigen Zeitpunkt.

Ich aber wollte weiterleben, legte mich aufs Bett und schaltete den Fernseher ein. Vermutlich war ich Minuten später der einzige Mensch auf dem Erdenball, der auf RTL zusah, wie der Skispringer Dieter Thoma auf der Schanze in Garmisch-Partenkirchen ins neue Jahrtausend gesprungen ist. Alle anderen werden etwas Besseres zu tun gehabt haben. Hoffe ich zumindest.

Nach dem Erlebnis war Silvester endgültig entzaubert, und ich schwor mir, beim nächsten Millennium nicht nach Neckarsulm fahren zu wollen.

Heute nun nehme ich den 31.12. einfach so, wie er kommt. Manchmal arbeite ich und habe Auftritte, manchmal bleibe ich einfach zu Hause, und manchmal feiere ich auch. Dann stehe ich um 0 Uhr mit einer Wunderkerze auf der Straße und höre in meinem Inneren die Kirchenglo-cken läuten.

Und was ich dieses Jahr an Silvester mache? Das weiß ich auch schon.

Ich räume den Keller auf.

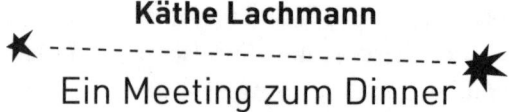
Dieses Jahr wird alles anders. Endlich. Dieses Jahr werde ich nicht mehr ohne Mann Silvester feiern. All die Jahre, in denen ich mich mal mehr, mal weniger wie das fünfte Rad am Wagen auf Essenseinladungen zwischen knutschenden Pärchen wiederfand, mich auf riesigen Events mit einer Single-Freundin langweilte oder selbst alle Übriggebliebenen bei mir zum Raclette (wie originell!) versammelt habe – die überdies erst am Tag vorher zugesagt haben, weil sie gehofft hatten, doch noch auf eine «richtige» Party eingeladen zu werden – all diese Jahre kann ich getrost vergessen.

Silvester ist doch eigentlich nur ein richtiges Silvester, wenn man verpartnert ist. Alle, ausnahmslos alle, die ich kenne, vergleichen am Ende des Jahres ihre Vorsätze mit denen ihres Partners (sie: «Im neuen Jahr ist es mir egal, wenn du deine getragenen Socken hinters Sofa schmeißt», er: «Im neuen Jahr schmeiße ich nur noch frische Socken hinters Sofa»), machen Pläne fürs neue Jahr (sie: «Im neuen Jahr legen wir ein Gemüsebeet an!», er: «Ja, mit Kartoffeln. Und dann brennen wir Schnaps») und erzählen sich, was sie alles Großartiges in den letzten zwölf Monaten erlebt hatten (er: «Boah, war ich auf Gerds Hochzeit besoffen!», sie: «Der

Saxophonspieler auf Gerd und Evas Hochzeit – ich war so gerührt!»).

Wir. Mit der ersten Person plural das alte Jahr zu beenden und ein blankes, neues zu eröffnen – hach, herrlich! Mit dem Menschen ein neues Jahr zu beginnen, der so zu mir gehört «wie mein Name an der Tür», um einen alten Schlager zu bemühen, davon träume ich seit der Trennung von D. Dessen Namen habe ich nie wieder vollständig ausgesprochen. Und nie wieder hat einer seine Stelle einnehmen können.

Aber jetzt beginnt ein neues Kapitel: Heute Abend, am 27.12. um 18.00 Uhr, habe ich eine Verabredung mit dem Mann meiner Träume. Und selbstverständlich werde ich mit ihm wenige Tage später Silvester feiern. Ganz romantisch, nur wir zwei. Erst schön Essen gehen – ich habe vorsichtshalber schon vor Wochen einen Tisch bei meinem Lieblings-Papua-Neuguineer, der gleichzeitig der einzige in der Stadt ist, bestellt – und danach werden wir auf meiner Terrasse das Feuerwerk bewundern. Und dann kommt meine sündhaft teure rote Unterwäsche zum Einsatz, die ich mir extra für ihn, Markus, gekauft habe. Wir haben noch nicht darüber gesprochen bzw. geschrieben, aber für mich ist die Sache glasklar: Nach heute Abend werden wir unzertrennlich sein und miteinander verschmolzen sanft ins neue Jahr hinübergleiten.

Er ist etwas ganz Besonderes, das spüre ich tief in mir. Er bringt Saiten in mir zum Klingen, wie das lange keiner mehr geschafft hat.

Diddldadi-diddldadi-diddlda-di-diiii. Diddldadi-diddldadi-diddlda-di-diiii.

Mein Handy. Mist, ich sitze hier doch im Ruhebereich! Das scheinen einige der anderen Fahrgäste auch gemerkt zu haben: Der junge Mann mit den Rastahaaren mir gegenüber, der so herrlich nach Patschuli duftet und seinen Pulli vermutlich selbstgestrickt hat, sieht erst strafend auf mich und dann auf das Psst!-Symbol in unserem Abteil. Die Hippies von heute sind auch nicht mehr das, was sie mal waren. Entschuldigend ziehe ich Schultern und Augenbrauen hoch und haste auf den Gang, wo ich das Gespräch entgegennehme.

«Hey, hast du Lust, heute Abend vorbeizukommen? Torben-Bär und ich wollen kochen. Bist du überhaupt schon wieder in Hamburg?»

Auch eines dieser zauberhaften Paare, die mich immer wieder einladen, an ihrem Glück teilzuhaben oder zumindest neidisch dabei zuzusehen. Und warum haben die überhaupt Lust, sich heute Abend zu verabreden? Normalerweise macht man doch drei Kreuze und die Tür hinter sich zu nach den weihnachtlich-ausgedehnten Verwandtenbesuchen. Ich jedenfalls hätte heute nach drei Tagen mit Onkel Herberts frivolen Weihnachtsgedichten, meinem schmollenden Vater – meine Mutter hat vergessen, ihm seine Lieblingskekse zu backen – und dem dauergestressten Gesichtsausdruck meiner Schwester am zweitliebsten einen ruhigen Fernsehabend gehabt. Anscheinend geht es Lydia und Torben nicht so. Sie müssen wohl immer Leute um sich haben und genießen es richtiggehend, ihre Liebe zur Schau zu stellen. Irgendwann war Torben mal ein guter Freund von mir, wir haben zusammen studiert und viel gefeiert. Inzwischen gibt es ihn nur noch im Doppelpack, und ich bin mir sicher, dass sie bald heiraten werden. Meinen Segen haben sie, Lydia und er passen toll zusammen – sie sind beide Psychotherapeuten –, aber es macht nicht immer gleich viel Spaß, alleine bei ihnen zu sitzen und ihr Geturtel auszuhalten. Torben-Bär und Lydia-Maus. Aaaah!

«Ich bin auf dem Weg zurück. Aber ich habe leider heute keine Zeit. Wie war Weihnachten?»

«Ach, wie immer. Erst nach Wiesbaden zu meinen Eltern, dann nach Stuttgart zu seinen Eltern, dann noch kurz nach Hannover zu Bärchens Bruder – wir sind froh, dass wir wieder hier sind. Schade, dass du nicht kannst nachher.» Sie macht eine Pause. Ich auch. Ich weiß, dass sie wissen will, weshalb ich heute nicht kann. Und ein Teil von mir, ein ziemlich großer sogar, platzt fast vor Mitteilungsbedürfnis, und so sprudelt es aus mir heraus: «Ich habe ein Date! Heute Abend! Um sechs!»

«Waaas? Das ist ja spitze!» Lydia scheint sich wirklich mit mir zu freuen. «Woher kennt ihr euch? Internet?»

Toll. Wieso ist das denn ihr erster Gedanke? Ist es denn völlig ausgeschlossen, dass sich auch mal jemand auf natürlichem Weg in mich verliebt? Sicher, ich habe in den letzten Jahren zahlreiche Herren über die verschiedensten Portale kennengelernt. Und es ist teilweise sogar so weit gekommen, dass ich sie meinen Freunden vorgestellt habe.

So war da zum Beispiel Marcello, ein Halbitaliener, der in Ulm aufgewachsen ist. Er hatte zwar das Aussehen und den Habitus eines echten Machos, sprach aber Schwäbisch und fürchtete sich übertrieben vor allem, was da kreuchte und fleuchte in Mutter Natur. Falls sich mal eine Spinne in mein Bad verirrte, versuchte er tagelang zu umgehen, dasselbe aufzusuchen. Es dauerte Wochen, bis ich den Grund für seine Badvermeidung herausfand. Ich hatte schon befürchtet, er litte an so etwas wie dem Gegenteil eines Waschzwanges. Als er mir dann unter Tränen gestand, dass er sich vor Kriech-, Krabbel- und Flugtieren höllisch fürchtete, fand ich das erst süß. Es wurde aber anstrengend, als sich das auf alle Tiere ausweitete und er sich strikt weigerte, sich therapeutisch helfen zu lassen. Außerdem fiel es ihm immer wieder ausgesprochen schwer, seine Ängste zuzugeben, stattdessen flüchtete er sich in Ausreden und machte meine Vorschläge zur Freizeitgestaltung schlecht. Überhaupt war mit ihm nicht viel anderes möglich als essen gehen und Filme gucken – aber nicht im Open-Air-Kino! Gartenpartys oder selbst Skifahren, Urlaub am Meer oder sonst irgendwo, wo es nicht betoniert oder gekachelt war, waren Fehlanzeige.

Eines Abends brachen wir vorzeitig von einem Essen bei Freunden auf, weil Petra einen Zwergpudel hütete. Ich fand das schon reichlich übertrieben. Als ich dann auch noch ein verletztes Eichhörnchen vom Wegesrand auflesen und zu Hause oder in der Praxis aufpäppeln wollte und Marcello schrie: «Das da oder ich!», brauchte ich nicht lange zu überlegen.

Marcello, das Eichhörnchen, kommt mich heute noch ab und zu besuchen.

Ein anderer Internet-Mann war Severin, Millionärssohn. Unser Lebensstil passte einfach nicht zusammen. Prada und Manolo Blahnik kannte ich nur aus «Sex and the City», und mein Urlaubshotel musste in erster Linie sauber und ruhig sein, die Anzahl der Sterne war mir egal, Hauptsache, ich sah am Himmel welche. Und er konnte nicht verstehen, dass ich ihm seine geliebte Foie Gras, Gänsestopfleber, so madigmachte.

Ruben, der Zwei-Meter-Mann, verglich mich die ganze Zeit mit seiner ersten Freundin, obschon sie über ein Jahrzehnt zurücklag, und Milo war einfach total verpeilt, vergaß Verabredungen, verlor meine Sachen und wollte eigentlich gar keine Freundin.

Das waren die Internetchaoten, die ich länger als nur ein Bier oder einen Kaffee lang gesehen hatte.

Aber es gab eben auch «normale» Bekanntschaften. Etwa Frank Sowieso. Er hatte mich klassisch wie im Film in irgendeinem November fast mit dem Fahrrad überfahren und daraufhin auf eine heiße Schokolade eingeladen. Er arbeitete in einem Copyshop im Univiertel und sagte bei jeder Gelegenheit «sowieso».

Es war nicht bei der einen heißen Schokolade geblieben, und dass wir uns im November begegnet waren, hatte ich überhastet als Zeichen dafür gedeutet, dass ich wohl den Mann fürs Leben oder wenigstens für Silvester gefunden hatte. Frank konnte küssen, er war reinlich und stand auf mittelalterliche Rollenspiele. Auch wenn ich damit nichts anfangen konnte, gefiel mir doch, dass er überhaupt ein Hobby hatte. Was ihn allerdings auch ziemlich in Beschlag nahm. Gerade um die Weihnachtszeit sah ich ihn praktisch nicht mehr ohne sein Hufschmied-Kostüm, in dem er mich auf mittelalterliche Weihnachtsmärkte und irgendwelche Versammlungen schleppte, zu denen ich eigentlich gar nicht zugelassen war. Manchmal musste ich sogar im Auto warten. Nachdem ich mehrfach behutsam versucht hatte, den

Ewiggestrigen ins Hier und Jetzt zu schubsen, gab ich ihm am 30. 12. den Laufpass, weil er lieber mit seinen Rittern und Marketenderinnen auf einer verschneiten Burgruine Silvester feiern wollte als mit mir. Ich machte mir am 31. 12. unter Tränen eine Familienpackung Miracoli, guckte die Feuerzangenbowle im Fernsehen und war um zehn im Bett. Alleine.

Lydia wartet noch auf meine Antwort: «Ja, wir kennen uns aus dem Internet. Aber bei ihm ist das was anderes. Er macht das eigentlich nicht, das mit dem Online-Dating.» Genau so hat mir Markus das geschrieben, und genau so gebe ich es nun weiter. Dass ich das eigentlich auch nicht mache, habe ich ihm auch erzählt, denn auch wenn ich mich bestimmt schon mit zwanzig Männern von verschiedenen Portalen getroffen habe, ist mir diese Art, jemanden kennenzulernen, viel zu künstlich. Ein Fahrradunfall wie mit Frank ist mir wesentlich lieber.

Außer vor Silvester. Und außer mit Markus. Dieses Mal ist es anders. Ich habe das mit ihm bisher noch niemandem verraten, weil ich Angst habe, etwas von dem Zauber kaputt zu machen, wenn ich davon erzähle. Mir ist es zu ernst mit Markus. Er ist wirklich – auch wenn es abgedroschen klingt – etwas Besonderes. Unsere Schriftwechsel gehen in die Tiefe, sind witzig und auf einer Wellenlänge.

«Und warum hat er es dann gemacht?», nervt Lydia. Sie versteht wohl nicht, dass Einsamkeit einen dazu bringen kann, seine Prinzipien auch einmal über den Haufen zu werfen und sich, wie Markus, auf den Link eines für Männer kostenlosen Singleportals einzulassen, den ihm ein Freund geschickt hat.

«Zum Glück hat er es gemacht. Denn sonst hätten wir uns wohl nicht kennengelernt», lenke ich ab, um danach, durch einen Tunnel fahrend, von meiner Gesprächspartnerin getrennt zu werden. Nach dem Tunnel klingelt mein Handy abermals: «Immer der, der angerufen hat, ruft noch mal an, wenn man getrennt wird. So halten Bärchen und ich das.» Lydias Kichern nervt. «Sag mal, aber an Silvester sehen wir uns? Bei Karin und Thorsten? Die haben die Star-Trek-Ausgabe von den ‹Siedlern von Catan›!» Sie sagt das so ehrfürchtig, als erwarteten Karin und Thorsten George und Amal Clooney zum Bleigießen, dabei wollen sie lediglich ein neues Brettspiel an übriggebliebenen Silvestergästen ausprobieren. «Hm, mal sehen …», während ich noch überlege, was für eine Ausrede ich bringen kann, fahren wir zum Glück wieder durch einen Tunnel, und die Verbindung bricht ab. Diesmal schalte ich schnell das Handy in den Flugmodus.

Ich sehe auf die Uhr und setze mich wieder an meinen Platz. Bald werden wir in Hamburg ankommen, und dann habe ich genau eine Stunde Zeit, um mich aufzuhübschen, bevor er mich abholt.

Noch habe ich mich nicht entschieden, was ich denn zum ersten Date tragen werde. Es soll «nicht zu salopp» aussehen, hat mir meine Mutter geraten, der ich zwischen Würstchen mit Kartoffelsalat und Fisch gesteckt habe, dass ich einen jungen Herrn treffen werde. Auf jeden Fall musste es aber etwas sein, in dem ich mich wohl fühle. Und gesehen werde. Schrecklich, wenn man etwas trägt, was so sehr mit der Inneneinrichtung des Restaurants harmoniert, dass man darin untergeht. Hat der Papua-Neuguineer nicht rote Stofftapeten an den Wänden? Also fällt das rote Samtkleid schon mal aus. Außerdem muss ja noch eine Steigerung zu Silvester möglich sein. Und in dem roten Kleid sehe ich einfach umwerfend aus. Hoffentlich passt mir das überhaupt noch, ich habe es zuletzt auf einer mittelalterlichen Hochzeit getragen, zu der ich als Burgfräulein gegangen bin. Es muss einfach passen! Mir wird ganz heiß vor Aufregung. Bestimmt kann ich es in vier Tagen tragen, beruhige ich mich, mir passt ja sonst auch noch alles.

Natürlich könnte ich mir für Silvester auch etwas noch Aufregenderes kaufen. Aber in den nächsten Tagen ist die Stadt bestimmt voll von Menschen, die sich entweder vom Weihnachtsgeld eine neue Garderobe für den letzten Tag des Jahres zulegen oder unliebsame Weihnachtsgeschenke umtauschen wollen. Zwischen den Jahren einkaufen zu gehen, ist ja schon im Supermarkt eine Zumutung, sich dann in der Innenstadt aufzuhalten, ist grob fahrlässig.

Ich könnte auch einfach eine weiße Seidenbluse zu meiner Lieblingsjeans tragen. High Heels dazu – fertig.

Aber was, wenn wir nach dem Essen noch einen Spaziergang durchs hoffentlich verschneite Hamburg machen wollen? Eng aneinandergekuschelt, mit glühenden Wangen vom köstlichen Rotwein? Dann wäre es vielleicht besser, Stiefel anzuziehen – hochhackig natürlich –, nicht dass ich kalte Füße und dann eine Blasenentzündung bekäme, die kann ich zum jetzigen Zeitpunkt brauchen wie die Beulenpest.

Wie ist denn noch mal sein Kleidungsstil so? Es muss ja auch ein wenig zusammenpassen, wir, als Paar, müssen zusammenpassen.

Auf meinem Handy scrolle ich durch die Bilder, die er mir geschickt hatte. Markus gefällt mir auf den Fotos einfach total gut. Seinen Kleidungsstil würde man wohl als «sportlich-elegant» bezeichnen. Auf einem der Fotos lacht er aus vollem Hals, auf einem grinst er frech, und eines, was anscheinend in einer Bar aufgenommen wurde, scheint an der Seite abgeschnitten zu sein. Genau an seiner linken Hand. Und wenn er da seine Exfreundin wegretouchiert hat? Egal, ich will die ja gar nicht sehen. Er guckt fröhlich und prostet mit der vollständigen Hand in die Kamera. Alles an ihm wirkt lebensfroh, heiter und abenteuerlustig. Mit ihm wird mir gewiss niemals langweilig. Und dabei hat er einen verletzlichen Zug um den Mund, der ihm etwas Melancholisch-Einfühlsames gibt. Dafür, dass wir uns erst seit einer Woche schreiben, kommt es mir vor, als würde ich ihn schon ziemlich gut kennen. Aber seine Stimme, ich bin so gespannt auf seine Stimme! Wir haben bisher noch nicht telefoniert, weil wir das beide doof finden, dieses Prozedere, erst am Telefon und dann in echt kennenlernen – wozu? Wir wollen uns möglichst schnell sehen. Auch darin sind wir uns einig.

«Sind Sie auch auf dem Weg nach Hause?» Der Rastamann reißt mich aus meinen Träumen. «War das Ihre Mutter am Telefon? Meine hat mir schon fünf SMS geschickt, ob ich eine gute Fahrt habe und so. Man bleibt doch irgendwie immer das Kind. Strange, ne?»

Weil ich eigentlich überhaupt keine Lust habe, Konversation zu machen, und weil er mich gesiezt hat, nicke ich nur lächelnd.

Träumen will ich, von Markus, dem Mann, der mich

versteht. Sogar mein kleiner Spleen gefällt ihm. Den, dass ich in jeder freien Minute gerne Groschenromane lese und dabei am liebsten auf meiner Fensterbank riesige Golden-Delicious-Äpfel ess. Das findet er «hinreißend». Hach.

Der Rastamann bleibt beharrlich: «Sie nicken – aber war das denn Ihre Mutter? Oder bezog sich das Nicken auf die Fahrt nach Hause?» Jetzt sieht mich auch die ältere Dame neben ihm fragend an. Meine Güte, kann man denn nicht einfach mal im Zug sitzen und in Ruhe gelassen werden? «Und jetzt geht's nach Hause zum Liebsten?», mischt sich die Dame ein.

Ich schnaube. «Zu Frage 1: Nein, das war nicht meine Mutter. Und ja, ich fahre nach Hause. Richtig, zu meinem Liebsten. Und jetzt entschuldigen Sie mich, ich möchte weiter von ihm träumen.» Ich stecke meine Kopfhörer in die Ohren, schließe die Augen und höre Céline Dion. Das französische Album.

Mit einer halben Stunde Verspätung komme ich nach Hause. Blöde «Störung im Betriebsablauf»! Was soll das überhaupt heißen? Da kann die Bahn doch genauso gut gar nichts sagen außer «Verspätung! Sorry!».

Jetzt habe ich nur noch dreißig Minuten Zeit, um mich auf mein Abendprogramm vorzubereiten. Schnell sehe ich meine Post durch, da fällt mir direkt eine Karte von Markus in die Hände. Ein kleiner blauer Vogel, der ein rotes Herz im Schnabel trägt, darüber in gelber Schrift «For you» – wie süß! Ich merke, wie ich ganz weiche Knie bekomme. Er hat mir von seinem «megawichtigen» Termin in Stuttgart geschrieben! Markus ist ein so vielbeschäftigter Mann, er arbeitet für irgendeinen schwäbischen Automobilzulieferer im Marketing. Und er hat so weit weg an mich gedacht!

Wir schreiben nicht oft von unserer Arbeit, es geht vielmehr darum, was wir vom Leben erwarten, um unsere Wünsche und Träume. Wir wollen beide mal nach Australien und finden Fallschirmspringen toll, sind aber beide noch nicht dazu gekommen. Vielleicht schaffen wir das ja eines Tages gemeinsam!

Auf der Rückseite der Karte steht geschrieben: «Hey du, ich freue mich auf unser Treffen ‹zwischen den Jahren›, liebe Grüße, M.»

Das klingt jetzt vielleicht etwas nüchtern, aber immerhin ist vorne drauf ein Herz, und viele werden ja auf einer Karte nicht so gern privat, gerade Männer. Und er hat in Stuttgart an mich gedacht! Das zählt! Seit er dort gewesen ist, haben wir nur kurz geschrieben und uns für heute Abend konkret verabredet. Mein Handy piept. Bestimmt noch mal Lydia, die mir einen schönen Abend wünscht. Nein, es ist Markus! Mein Herz schlägt schneller. «Du, es wird etwas später, ich hab gleich noch ein Meeting», schreibt er. Aha. Ein Meeting. Das kommt ja wie gerufen! Eine halbe Stunde ist sowieso viel zu wenig für das, was ich alles an Verschönerung vorhabe.

Von einer früheren E-Mail weiß ich, dass er, wenn er von seinen Eltern kommt, noch kurz in der Firma reinschauen will. Aber ist ein Meeting am 27.12. nicht sehr ungewöhnlich? Na ja, sage ich zu mir, ich kenne mich ja nun mit diesen Business-Dingen nicht aus, unsere Tierarztpraxis hat zwischen den Jahren jedenfalls geschlossen. Andere haben da eben mehr Verpflichtungen.

Um sechs waren wir verabredet, etwas später kann alles heißen, ich rechne mit spätestens halb acht und hüpfe unter die Dusche. Ich bin richtig froh, dass ich Zeit geschenkt bekommen habe, Zeit, die ich nutzen kann, um mich in Ruhe fertig zu machen.

Gerade als ich dabei bin, mir die eingeweichten Zehennägel zu schneiden und zu lackieren, piept mein Handy abermals. Auf einem Bein hüpfe ich zum Board, auf dem es liegt, und lese: «Tut mir leid, hier dauert's noch.»

Es ist kurz nach sieben. Und es ist herrlich, jetzt nicht in Hektik verfallen zu müssen. In aller Ruhe kann ich meine Beine epilieren und habe sogar noch Zeit, meine Haare mit mehreren Rundbürsten in Form zu bringen. Es ist ja auch besser, wenn er jetzt alle seine geschäftlichen Dinge erledigt und nachher ganz für mich da ist, als wenn er den Kopf noch voll hat. Ich habe schon länger den Eindruck, dass er sehr gewissenhaft arbeitet und dass sein Job ihm großen Spaß macht.

Sehr großen Spaß anscheinend. Richtig großen Spaß. So viel Spaß, dass er alles andere vergisst? Es ist jetzt fast eine Stunde vergangen seit seiner letzten SMS. Eine Stunde! Warum meldet der Mann sich nicht noch mal? Er ist wohl noch in seinem Meeting, gebe ich mir selbst die Antwort.

Meeting. Kann man da eigentlich nicht sagen: «Leute, ich muss jetzt los? Ich habe noch eine Verabredung?» Kann man anscheinend nicht. Was weiß denn ich? Ich habe ja nie Meetings. Noch nie gehabt. Jedenfalls nicht wissentlich. Vielleicht geht es da ja um Beträge in Millionenhöhe, ich habe keine Ahnung.

Mein Magen grummelt. Das mit dem Essengehen habe

ich ernst gemeint, es ging mir schon auch um Nahrungsaufnahme, nicht nur um ein Treffen. Ob er wohl auch bei dem Restaurant angerufen hat, dass es später wird? Und überhaupt, wie lange soll ich hier noch in Unterwäsche stehen und warten, dass er Bescheid sagt, wann er mich abholt?

Irgendwo in mir drin regen sich leise Zweifel. Was, wenn er doch nicht «der» Mann für mich ist? Quatsch. In vier Tagen ist Silvester, und Markus und ich werden das zusammen feiern. Schließlich ist meine Alternative ein Pärchenspieleabend.

Aber der Typ könnte sich jetzt echt mal – da kommt wieder eine SMS: «So sorry, ich häng hier immer noch drin. Das kann noch dauern.» Okay. Inzwischen weiß ich immerhin, was ich anziehen würde, würde es zu dem Date noch kommen.

Neun Uhr. Das Wohnzimmer ist gesaugt. Meine Küche blitzt und blinkt, selbst den Backofen habe ich zum ersten Mal seit elf Jahren gereinigt. Ich habe geschminkt geputzt, in Rock und Stiefeln, es könnte ja sein, dass er jetzt ganz spontan anruft mit der Nachricht: «Ich hol dich gleich ab!», und dann will nicht ich diejenige sein, die bremst.

Biepbiep – SMS: «Lynch mich nicht, wir sind noch mittendrin und kommen zu keinem Konsens.»

«Das ist doch euer Problem, verdammt!», zische ich vor mich hin. Einerseits preise ich die Erfindung der SMS, da kann man ja schön auch mal während eines Meetings unter dem Tisch – ich stelle mir vor, dass ein Meeting wohl an einem großen, ovalen Tisch stattfindet –, also da kann man bestimmt schön mal, während der Chef schwadroniert, während so Sachen besprochen werden wie: «Ja, Müller, wie sieht's aus, übernehmen Sie den AEG-Termin» – gibt es die AEG überhaupt noch, oder ist das auch schon Nestlé? – «oder soll das der Meier machen, Sie müssen ja noch das Siemens-Ding durchkriegen», also währenddessen kann man ja da schön mal unterm Tisch simsen – weiter komme ich mit meinen halb Gedanken, halb Selbstgesprächen nicht, denn es ertönt das vertraute Geräusch, und ich muss lesen: «So sorry, Süße, vor zehn komm ich hier nicht raus.»

Es bedarf einiges an Willenskraft, um nicht loszuschreien. Stattdessen frage ich mich mit gehobener Stimme: «SÜSSE! Hallo? Seit wann ‹süßen› wir uns? Wir kennen uns doch gar nicht!»

Ich fange an, Yoga zu machen oder zumindest etwas, das ich für Yoga halte. Ich habe einen Besuch bei Freunden abgesagt für dieses Date! Weil er nur an diesem Abend konnte! Könnte, musste man ja jetzt sagen, Konjunktiv.

Andererseits verfluche ich nämlich die Erfindung SMS. Wer weiß schon, ob der überhaupt in einem Meeting ist! Vielleicht verarscht der mich ja. Vielleicht ist das so ein Perverser, dem es Spaß macht, andere unendlich auf sich warten zu lassen. Und er sitzt schon längst mit seiner Gespielin in der Badewanne und schickt ab und zu SMS, die er mannigfaltig in «Entwürfe» gespeichert hat, und kommt sich total toll vor, weil da so eine Doofe auf ihn wartet. Ha! Ich warte überhaupt nicht auf ihn! Ich habe mich nämlich nur für mich schön gemacht, das macht man sowieso viel zu selten! Vielleicht sollte ich Frank Sowieso mal wieder anrufen. An Silvester ist nicht so viel mit Mittelalter, wenn ich mich recht erinnere.

Gott sei Dank habe ich keine Süßigkeiten im Haus. Denn wenn ich welche hätte, hätte ich jetzt bestimmt keine mehr. Stattdessen rauche ich. Obwohl ich militante Nichtraucherin bin. Aber ich habe noch ein altes Päckchen Tabak gefunden, das von einer Party übriggeblieben ist, nebst Blättchen, und ich versuche, mir aus den trockenen Krümeln eine zu falten. Das Ergebnis kann sich zwar nicht sehen lassen, brennt aber und reicht für meine Zwecke.

Und ich esse Flachkräcker aus Vollkorn. Solche trockenen Dinger, die Mütter auf Spielplätzen immer für ihre Kinder dabeihaben, neben Apfelschnitzen und Apfelschorle in Janosch-Metalltrinkflaschen. Immer wieder brüllen die Mütter quer über den Spielplatz: «Sören-Maria, Sören-Maria, möchtest du einen Flachkräcker?» Und dann kommen die Kinder angetobt, gierig, als könnten sie sich nichts Leckereres vorstellen, sie unterbrechen ihre interessantesten Vater-Mutter-und-Kind-Spiele, um sich hemmungslos diese furztrockenen Teile reinzupflügen. Ich will nicht wissen, was die zu Hause essen müssen!

Und ich? Warum esse ich diese Kräcker? Weil ich nichts anderes habe. Weil es das einzig Essbare ist, was ich in meinen Schränken gefunden habe. Weil ich Hunger habe! Schließlich wollten wir verdammt noch mal essen gehen! Ursprünglich. Bevor der Herr sein «MEETING» hatte. Sein blödsinniges Meeting! Ausgerechnet am ersten Tag nach dem zweiten Weihnachtstag! Am zweiten Tag nach dem ersten Weihnachtstag! Am dritten Tag nach Heiligabend! Und am vierten Tag vor Silvester! Silvester!

Weiß man das eigentlich nicht vorher? Kommt so ein Meeting völlig aus dem Nichts, wie die Gleisbaustellen bei der Deutschen Bahn? Kommt plötzlich der Chef gut gelaunt ins Büro: «Haha, ich hab eine Idee, alle bleiben noch, und dann machen wir ein Meeting! Ich hoffe, Sie haben alle Ihre Schlafanzüge dabei!» Und seine letzten Worte gehen unter im Jubel: «Juhu, ein Meeting! Endlich! Preiset den Herrn, dass ich das noch erleben darf!»

Man hat doch weiß Gott noch andere Termine! Was ist denn, wenn einer Familie hat? Oder einen Hund, der jetzt die Wohnung vollkackt? Oder was, wenn einer zur Dialyse muss?

Kein Wunder, dass Manager zerrüttete Familien und verhaltensgestörte Hunde und nicht mehr lange zu leben haben. Dafür haben sie aber auch eine Menge Schotter.

Jetzt wird es sozialkritisch. Ich werde sozialkritisch, denn schließlich ist es halb elf, ich habe meine Steuererklärung fertig, für vorletztes, für letztes Jahr und für das kommende im Voraus, da piept mein Handy. Hasserfüllt starre ich darauf:

«Das wird zu spät, sorry.»

«Ach? Zu spät? Das wäre mir nicht aufgefallen! Halb elf Uhr nachts ist zu spät für ein erstes Date?», brülle ich auf mein armes Handy ein. «Der soll sich mal gehackt legen! Was will ich überhaupt mit jemandem, der nie Zeit hat! Der kann mich mal!»

Da erklingt abermals der SMS-Ton: «Wie sieht's morgen bei dir aus?»

«Morgen?», kreische ich völlig außer mir. Was fällt dem eigentlich ein? Als würde ich hier sitzen und warten, dass der Herr mal Zeit hat! Ich habe schließlich auch zu tun! Ich bin niemand, den man einfach so versetzen kann und der allzeit bereit ist! Wütend wie ein angefahrener Keiler schnaube ich vor mich hin.

Dann tippe ich: «Morgen ist gut!»

Silvester kann kommen.

Porzellanbusfahrt

Den zweiten Weihnachtstag verbrachte ich mit Porzellanbusfahren. So hatten wir es früher immer scherzhaft ge-
nannt, wenn sich jemand übergeben musste. Jetzt fuhr ich
selbst: Die Arme um die Klobrille geschlungen wie um ein
großes weißes Buslenkrad, hing mein Kopf göbelnd über
der Schüssel. Mit der persönlichen Erfahrung fand ich den
Ausdruck gar nicht mehr so lustig.

Am 26. Dezember war ich zum Mittagessen bei Lore, der
Mutter meines Exfreundes, gewesen, mit der ich mich von
jeher besser verstand als mit meinem Ex. Lore ist Messie,
aber dafür kann ich, die ich selbst nie etwas wegwerfe und
alle kaputten Kleider für den Tag aufbewahre, an dem sie wie
durch Zauberhand wieder geheilt sind, großes Verständnis
aufbringen. Ich mochte Lores vollgerümpelte Bude, in der
sich Zeitschriftenstapel, Kleiderhaufen und übereinander-
gestapelte Möbel zu einem modernen Kunstwerk formiert
hatten, und fühlte mich darin stets wie in einem begehbaren
Ready-made-Imperium.

Dass Lore auch Lebensmittel aufbewahrte, war mir irgendwo im Hinterkopf bewusst, dennoch hatte ich mir bei
dem etwas zu säuerlichen Geschmack der von ihr selbst

eingelegten Essiggurken, die sie als zweiten Gang nach dem Hackbraten gereicht hatte, nichts gedacht und vier große und drei kleine in mich hineingestopft, während Lore mir von einem Artikel über soziosexuelle Verhaltensweisen bei hawaiianischen Spinner-Delfinen berichtete. Hinter ihr lag eine langjährige Karriere als Biologin, und sie las immer noch die Fachliteratur und erzählte gern spannende Geschichten über Tiere. Wir stießen am frühen Abend mit einem Schnaps auf die Delfine an und wünschten uns frohe Weihnachten. Dann radelte ich nach Hause, pustete etwas Staub vom Fernseher und schaute den Rest des Abends abwechselnd Pixar-Kurzfilme, eine Orson-Welles-Doku, «Mad Men» und die letzte Staffel von «Emergency Room», die ich mir – obwohl ich sie schon kannte – selbst als DVD-Box zu Weihnachten geschenkt hatte, wegen der «Behind the scenes»-Reportagen und der interessanten medizinischen Regieanweisungen.

Um drei Uhr morgens wachte ich auf, weil ich geträumt hatte, ein großer Delfin habe mir seine Schnauze hart in den Magen gestupst. Den Rest der Nacht verbrachte ich über dem Klo, mein Mund war trocken, den Porzellanbuslenker sah ich nur verschwommen. Auch nach ein paar Stunden wurde es nicht besser. Am 27. Dezember gegen 10 Uhr bemerkte ich, dass ich nicht mehr gut schlucken konnte, und rief 112 an. Das Sprechen fiel mir ebenfalls plötzlich schwer, mühsam buchstabierte ich meine Adresse, dann ereilte mich vor der offenen Wohnungstür eine Art Wachkoma. Der Rettungsdienst konstatierte: «Eins von den 30 Bierchen war wohl schlecht, wa?», wogegen ich nicht mehr protestieren konnte, weil mein gesamter Kopf gelähmt schien. Man fuhr mich ins Krankenhaus, nahm mir Blut ab, legte mich in ein gestärktes Bett, und ich konnte meine Augen nun gar nicht mehr offen halten. Obwohl ich eigentlich nicht müde war.

Eine Männer- und eine Frauenstimme in der Nähe schienen über mich zu reden, die Frau fragte: «C2-Intox?», der Mann antwortete: «Nee, schließe ich aus, sieht nach Botulismus aus.»

Botulismus, wunderte ich mich, klingt wie eine Kunstrichtung. Jemand band meinen Oberarm ab und legte mir einen Zugang in der Vene auf meinem Handrücken. Ich lag weiter reg- und sprachlos auf dem harten Laken und hörte zu, wie eine andere, ältere Frauenstimme mit polnischem Akzent ankündigte, bald zur «Najswietcza Maria Panna» zu gehen, und verlangte, «eine ganz kleine Wodka, eine nur, fir den Weg!» zu bekommen, «ist sich doch heilige Wigilia.»

«Seien Sie doch mal leise, Frau Pawlowska», sagte die Frauenstimme, «Sie kommen bestimmt bald zur Jungfrau Maria.» Dann klapperte etwas, es klang wie eine schlechtgestimmte Rassel aus dem Orff'schen Instrumentarium.

Die Männerstimme hörte ich eine Stunde später wieder. Sie gefiel mir. «Wie geht's Ihnen jetzt?», fragte sie. «Geht so», sagte ich. «Können Sie Ihre Augen schon wieder öffnen?» «Nein», sagte ich, «wieso kann ich das denn eigentlich nicht?» – «Sie haben eine Botulinvergiftung», sagte der Arzt. «Klingt wie eine Kunstrichtung, ich weiß. Ist aber eine gravierende Lebensmittelvergiftung. Und das führt zu vorübergehenden Lähmungen im Gesicht. Das geht wieder weg. Wir haben Ihnen ein Antidot gegeben. Haben Sie gestern Fisch oder Fleisch aus der Konserve gegessen?» – «Nein», sagte ich. «Spaghetti mit Thunfischsauce?» – «Nein», sagte ich. «Na dann vielleicht eine Dose Chappi?» – «Hahaha», machte ich und fand die Frage etwas albern, aber lustig. Anscheinend handelte es sich um einen etwas albernen, aber lustigen Arzt. «Haben Sie sich vielleicht einen Gibson Martini gemixt? Mit Silberzwiebeln aus der Dose? Oder sonst etwas Eingelegtem?» – «Hmm», sagte ich und registrierte verwundert, dass der Arzt ausgerechnet den Gibson Martini erwähnte, mein Mad-Men-Lieblingsgetränk. «Silberzwiebeln nicht, aber meine Exschwiegermutter hat Gurken selbst eingelegt …» – «Bingo», sagte der Arzt mit der angenehmen Stimme. «Meinen Sie, sie wollte mich vergiften?», fragte ich. «Was haben Sie denn mit ihrem Sohn angestellt?», antwortete er und kicherte. «Ich komme später wieder und schaue nach Ihnen.»

Ich schlief ein und wurde in der Nacht von Frau Pawlowska geweckt, die mittellaut etwas summte, das ich nach ein paar Minuten als ein eigenartiges Medley aus «Stille Nacht» und «Seven Nation Army» von den White Stripes identifizierte. Ich bat sie, aufzuhören, doch die Nachbarin reagierte nicht. Sie schien fest zu schlafen. Also tastete ich nach dem Notrufknopf, den man mir gezeigt hatte, und hoffte, der Arzt mit der netten Stimme habe Dienst. Doch es kam eine Nachtschwester mit Berliner Dialekt, deren Schritte weiße Gesundheitssandalen verrieten. Sie haute Frau Pawlowska eine Backpfeife, so klang es jedenfalls in meinen Ohren. Schnell versicherte ich ihr, dass schon alles in Ordnung sei. Die rüde Nachtschwester schnaubte und schlappte wieder aus dem Zimmer, dem nächsten Notruf entgegen. Frau Pawlowska summte weiter. Ich summte seufzend beim White-Stripes-Part mit, nach einigem Nachdenken auch beim «Stille Nacht»-Teil, es war ja schließlich Weihnachten. Dabei sang ich mich in den Schlaf.

Am nächsten Morgen durfte ich wieder aufstehen, bekam die Augen fast ganz auf, sah aber noch verschwommen. Als sich mir eine Figur näherte, in der ich die Nachtschwester wiedererkannte, fragte ich: «Wie lange dauert es denn noch, bis ich wieder richtig sehen kann?» – «Bin ick Jesus? Hab ick Latschen an?», antwortete die Nachtschwester müde. «Latschen anscheinend schon …», sagte ich. «Nicht machen lustig über Jesus!», rief Frau Pawlowska. «Fragen Sie Herrn Doktor Weber», sagte die Nachtschwester weiter und führte mich wie einen blinden Ochsen an meinem Zugang auf das Patientenklo hinter einer Schiebetür, «ick zieh hier nur die Zujänge. Herr Doktor Weber muss aber gerade vier Stationen auf einmal betreuen, dit dauert noch.» Die Krankenschwester lamentierte ein bisschen darüber, dass Ärzte und Schwestern ohne Familien an den Feiertagen ausgenutzt würden und dass keiner danach fragte, ob SIE vielleicht auch etwas vorhätte, man könne sich schließlich auch als ALLEINSTEHENDE etwas schenken. «Sind Sie fertig», fragte sie mich schließlich, «soll ich Sie zurückbringen?» Ich war mir nicht sicher, ob ich mit meiner eingeschränkten Sicht auch wirklich in den Porzellanbuslenker getroffen hatte.

Seufzend ließ ich die Dinge so, wie sie waren, und wurde von der Schwester zurück zum Bett geschoben. Wieder klapperte etwas, und Frau Pawlowska forderte die Schwester auf, sie untenrum zu waschen, «hat viel zu langä keinär gemacht». «Es bleibt einem auch nichts erspart», murmelte die Krankenschwester. In dem Augenblick war ich froh, dass ich doch noch nicht richtig sehen konnte.

Aber das änderte sich. Denn am Nachmittag des 29. Dezembers kam endlich Dr. Weber, und ich versuchte angestrengt, ihn deutlicher zu sehen. Er war groß, in Kopfhöhe meinte ich, etwas Glänzendes wahrzunehmen, und hoffte auf Brille, nicht Glatze. «Können Sie schon was erkennen?», fragte der Arzt, er schien meinen angestrengten Blick zu bemerken. «Nicht wirklich», sagte ich. «Es sei denn, Sie haben Antennen am Kopf?» Der Arzt lachte. «Ich bin ein ärztliches Hologramm», sagte er. Ich war mir nicht sicher, ob er damit auf Star Trek anspielte, traute es ihm aber zu.

Am Abend kam Dr. Weber noch mal zu mir ans Bett, obwohl keine zweite Visite angekündigt worden war. Meine Freundin Hanne wollte gerade gehen, sie hatte mir ein paar Klamotten, eine «Emergency Room»-DVD-Box und einen Laptop mitgebracht. Sie blieb, als sie den Arzt sah, und begrüßte ihn artig. «Wow», sagte Dr. Weber, «Emergency Room? Eine meiner Lieblingsserien … Daraus hab ich alles gelernt, was ich kann!» Hanne lachte, und ich fühlte, dass meine alte Freundin die Flirtlaterne anschaltete. Dr. Weber nahm die Box in die Hand. «Und hier ist auch die Fassung mit Audiodeskription für Sehgeschädigte. Ihre Freundin denkt mit!» Er ging, um einen neuen Beutel Kochsalzlösung zu holen, und ich bekniete Hanne, mir zu beschreiben, wie er aussah. «Spitze», flüsterte Hanne. «Sieht aus, als ob er echt gut riecht …» Bevor sie mehr sagen konnte, kam er zurück. «Darf ich ein bisschen mitgucken beziehungsweise mithören?»

Hanne, Dr. Weber, Frau Pawlowska und ich hörten und

schauten zwei Episoden Notaufnahmen-Abenteuer aus der sechsten Staffel, in einer wurde Schwester Carol schwanger, in der anderen tauchte der neue bildhübsche kroatische Arzt Dr. Kovac auf.

Irgendwann in jener zweiten Folge, während Dr. Kovac noch seinen Kulturclash bewältigte, ging Hanne nach Hause, und Pawlowska schien eingeschlafen zu sein. Doch Dr. Weber und ich blieben auf meinem Krankenhausbett sitzen. Als sein Telefon klingelte, drehte er sich beim Sprechen etwas zur Seite, während er den Nachtschwestern und Pflegern Anweisungen zur Schlafmitteldosierung gab. Durch das Krankenhaus-Desinfektionsmittel-Gemisch witterte ich kleine Brisen seines Geruchs. Er gefiel mir. Einmal musste er weg, um jemanden zu untersuchen, der gerade in die echte Notaufnahme eingeliefert worden war. Ich fingerte auf der Computertastatur herum, bis ich die Pausentaste fand, und wartete auf ihn. Etwas später kam er zurück, und wir hörten weiter.

«Ich muss jetzt aber wirklich gehen», erklärte Dr. Weber am Ende der Folge, als Dr. Kovac gerade sein erstes Leben gerettet hatte. «Tja, wenn Sie lieber Mägen auspumpen ...», sagte ich. Als er aufstand, berührte Dr. Weber aus Versehen meinen Rücken unter dem hinten offenen Krankenhauskittel. «Wenn Sie wüssten, wie gern ich bleiben würde ...», sagte er. «Welchem Arzt sehen Sie ähnlich?», fragte ich. «Lassen Sie sich überraschen», antwortete er und verabschiedete sich. «Wehe, es ist Rocket Romano», rief ich halblaut hinterher. Dr. Weber kicherte. Mein Rücken glühte. Im gleichen Augenblick fiel mir ein, dass ich noch die ekelige weiße OP-Netzunterhose trug.

Am Morgen des 30. Dezembers schlug ich die Augen auf und sah ganz deutlich das zerknitterte Gesicht von Frau Pawlowska, die sich hochgestemmt hatte, um eine dritte Muttergottesfigur auf die Kabelleiste über ihrem Bett zu stellen. «Ich sehe Sie», sagte ich erfreut. «Na und? Gott sieht alles», gab Pawlowska zurück. Sie nahm eine kleine, durchsichtige Dose mit zwei karamellfarbenen Steinchen und schüttelte sie wie zur Zustimmung. Ich erkannte das Klappergeräusch wieder. «Sind meine Gallensteine. Iberlege ich, was ich soll machen damit …», sagte Pawlowska.

Ich wusch mich, kämmte die Haare, tuschte die Wimpern, zog BH, T-Shirt und eine richtige Unterhose an und wartete auf die Visite. Aber zu meiner Enttäuschung wurde sie von einem älteren, mundfaulen Kollegen durchgeführt, der sich nach einem Blick auf meine Werte mit den Worten «Morgen früh kommen Sie raus» zum Gehen wandte. «Wo ist Doktor Weber?», fragte ich. «Hat frei bis Silvester», sagte der alte Arzt mürrisch. «Ich dachte, nur die Ärzte mit Familie kriegen an den Feiertagen frei», hakte ich vorsichtig nach. «Davon weiß ich nichts», sagte der Arzt. «Bei mir ist es umgekehrt. Ich hab die Schicht nur wegen Verwandtenbesuch zu Hause genommen.»

Während des Tages besserte sich mein Gesundheitszustand, während mein Gemütszustand immer schlechter wurde. Die Nachtschwester weigerte sich, mir Auskunft zu Dr. Webers Dienstplan zu geben, «das machen wir prinzipiell nicht». Also mopste ich mich, schaute tschechische Kinderfilme, schob Frau Pawlowska, die nicht lange stehen konnte, mit dem Rollstuhl auf einen Kaffee ins Krankenhauscafé und später auf ein Weihnachtsgebet an «Najswietcza Maria

Panna» in die Kapelle, versuchte erfolglos, Dr. Weber auf den «Mitarbeiter des Monats»-Fotocollagen in den Gängen des Krankenhauses auszumachen, und rief Hanne an, um mich mit ihr für den Silvesterabend zu verabreden.

Dann verbrachte ich eine weitere, weitgehend schlaflose Nacht neben der summenden Pawlowska. Als ich irgendwann doch kurz wegdämmerte, träumte ich von einem gutriechenden Arzt in grünem Emergency-Room-Kittel, der mir zärtlich einen Zugang in die Nähe des Schlüsselbeins legte.

Am Silvestermorgen wurde ich entlassen. Der Botulismus war komplett ausgeheilt. Ich verabschiedete mich von Frau Pawlowska, die mir «als Gädänken» die Dose mit den Gallensteinen schenkte, und warf vier OP-Unterhosen in den Krankenhauswäschekorb. Hanne fuhr mich nach Hause.

Am Silvesterabend gingen Hanne und ich auf eine Silvesterparty, bei der es Wodkabowle und viele Journalisten gab. Wir tanzten, redeten, stießen an, und Hanne flirtete mit einem meiner freundlichen Kollegen. Um 0 Uhr wurde partyübergreifend geküsst, auch ich konnte bei einem Gast mit roten Haaren landen, aber nur halbherzig, ich dachte an Dr. Weber. Der Rothaarige erzählte mir, dass er Goldschmied sei, und begann einen alkoholbedingt etwas schleppenden Vortrag über die Kraft der Steine und darüber, wie stark die Wirkung eines Rings mit Stein auf die Persönlichkeit sein könne. Um ihn loszuwerden, nahm ich eine Visitenkarte von ihm an und schlängelte mich davon, auf der Suche nach Hanne. Hanne und der Kollege hatten anscheinend ausgeknutscht, sie stand etwas schwankend vor einem Tisch mit Getränken und führte Selbstgespräche.

Etwas später hörte ich würgende Geräusche aus dem Bad. Es war offen, also ging ich hinein und überraschte Hanne beim Porzellanbusfahren. «Kann ich dir helfen?», fragte ich. «Geht schon gleich vorbei», lallte Hanne und packte das Lenkrad fester. «Ich habe gar nicht so viel getrunken …»

Mit fiel etwas ein. «Bist du sicher, dass das nichts Schlimmeres ist?», fragte ich. «Das sieht ganz nach Lebensmittelvergiftung aus … Vielleicht solltest du lieber ins Krankenhaus fahren?» Hanne protestierte schwach. Aber ich setzte mich durch. Ich fand ein Taxi, bugsierte sie hinein und ließ uns in die Notaufnahme bringen.

Als wir um halb vier beim Krankenhaus ankamen, glich der Aufnahmeraum einer Kneipe nach der Sperrstunde. Bei Hannes Anmeldung fragte ich, ob Dr. Weber Dienst habe. «Weeß ick nich», antwortete der überforderte Pfleger. «Es kommt, wer eben kommt.» Wir setzten uns auf eine unbequeme Plastikbank, wo Hanne an meiner Schulter einschlief, um halb fünf wieder aufwachte und sich «wunderbar» fühlte. «Komm, lass uns abhauen», sagte sie. «Mir geht's prima, ich muss mich nicht untersuchen lassen.» Verzweifelt versuchte ich, sie zum Bleiben zu überreden. Aber sie schüttelte den Kopf und bestand darauf, zur Party zurückzukehren, solange noch wahlweise Bowle oder Journalisten da wären.

Schließlich begriff sie endlich. «Dir geht's gar nicht um meine Gesundheit, hab ich recht?», fragte sie. Ich nickte. «Na gut», sagte Hanne. «Weil du's bist. Und weil er für einen Arzt anscheinend echt Filmgeschmack hat. Sanitäter!!!» Sie fiel auf den Boden, krümmte sich und zischte wie ein Vampir, der von Sonnenstrahlen getroffen wird. Die anderen Besoffenen hörten erstaunt auf zu lallen und schauten ihr zu.

Nach einer Minute kamen zwei Pfleger mit einer Bahre und legten Hanne darauf. Ich schlüpfte hinter ihnen durch die Sicherheitsschwingtüren. Dahinter tauschte ich ein «Thumbs Up» mit Hanne, schlug einen Haken zum Treppenhaus und rannte in die dritte Etage, Station G3. Vorsichtig klopfte ich an die Tür des mir bekannten Zimmers. Drinnen summte Frau Pawlowska im Schlaf. Ich setzte mich neben sie, legte den Kopf auf ihr Bett und dämmerte langsam weg.

Ein paar Stunden später am Neujahrsmorgen weckte mich Frau Pawlowska. «Was machst du denn hier, Madame?», fragte Frau Pawlowska, «hab ich gedacht, bist du doch gesund?»

«Ich habe einen Goldschmied gefunden, der aus Ihren Gallensteinen einen Ring macht», sagte ich und legte die Visitenkarte des Rothaarigen auf Pawlowskas Bett. Pawlowska kicherte. «Muss ich, glaube ich, schnell mal Notknopf drücken», sagte sie, «brauchst du dringend Arzt.»

Ein paar Minuten später kam Dr. Weber. Zum ersten Mal konnte ich ihn deutlich sehen, er war groß, hatte grüne Augen, er hatte sogar Haare. Braune. Er sah aus wie Dr. Kovac mit Brille.

«Na, war wieder eins von den 30 Bierchen gestern schlecht?», fragte er zur Begrüßung. Ich blinzelte ihn an. «Die Brille steht Ihnen gut», sagte ich. «Wissen Sie, dass ich alle Emergency-Room-Staffeln als Komplettbox zu Hause habe? Und eine wirklich gute Orson-Welles-Doku?»

«Und ich habe jetzt Feierabend», sagte Dr. Weber und lächelte. «Neujahr ist mein freier Tag.»

Auf keinen Fall!

Als Schriftsteller sollte man am besten überhaupt kein Weihnachten feiern. Jedenfalls nicht mit seiner Familie. Erst recht nicht, wenn man ständig über diese Familie schreibt. Und niemals, niemals – «auf keinsten», wie Lukas sagen würde –, wenn man regelmäßig darüber schreibt, wie diese Familie Weihnachten feiert. Wer die Wahrheit sagt, braucht ein schnelles Pferd, sagen die Araber. Aber was, wenn man nicht mal reiten kann?

«Also wenigstens das mit Onkel Helmut hättest du dir sparen können», meint Eva.

«Aber er heißt doch gar nicht Helmut in der Geschichte», wende ich ein, «sondern Herbert. Und ich habe ihn von Delmenhorst nach Neumünster umgesiedelt und einen Pfarrer aus ihm gemacht.»

«Und tatsächlich ist er Religionslehrer», stöhnt Eva, «das ist ja ein Riesenunterschied!»

«Ohne die Religion hätte die Pointe nun mal nicht funktioniert. Ein Autohändler ruft eben nicht ständig *Ihr Flüchtlinge kommet!*»

«Wann begreifst du das mal», faucht Eva. «Menschen sind keine Pointen!»

Ich seufze. Sie ist meine Frau. Sie kennt mich seit 19 Jahren. Sie hat alle meine Bücher gelesen. Hoffentlich.

«Wenn nicht Menschen, wer dann?», frage ich verzweifelt. Als ob ich selbst nicht am allerbesten wüsste, wie heikel das Ganze ist. Als ich begann, die Kolumne über unsere Familie zu schreiben, veröffentlichte ich sie nicht in Hamburg, wo wir wohnen, sondern in Hannover, weil kein Hamburger jemals auf die Idee käme, eine Zeitung aus Hannover zu lesen. Auf diese Weise wurde ich der berühmteste kinderreiche Hannoveraner, obwohl ich praktisch nie dort gewesen bin und die Stadt ganz furchtbar finde. Leider kam die Zeitung irgendwann auf die Idee, aus den Kolumnen ein Buch zu basteln. Das wurde zwar praktisch nur in Hannover gelesen, aber natürlich bekam Leo es auch in die Hand. Er war so stolz, dass er drin vorkam, dass er es allen seinen Freunden schenkte. Ich werde nie vergessen, wie er sich eines Tages neben mich aufs Sofa setzte, den Mund zusammengepresst, um ein Weinen zu unterdrücken, und mir stumm das Buch in die Hand drückte. Mit einem Lesezeichen. In der markierten Geschichte versucht Leo vergeblich, sich mit Ann-Sophie zu verabreden. Er läuft mit dem Telefon um den Küchentisch herum und schlägt ihr hoffnungsfroh lauter Termine vor, von heute Nachmittag bis in sechs Monaten, und sie ersinnt immer neue, immer fadenscheinigere Ausreden, warum das leider nicht gehe: Ballett, Fechten, Tantenbesuch, Hausaufgaben, Aufräumen, Kaninchenfüttern.

«Wie steh ich denn da?», verzweifelte Leo. «Wie der absolute Loser!»

Ich sah ihn an, von Mann zu Mann, obwohl er gerade mal neun war. «Leo, du musst eins verstehen. Wir alle sind

Verlierer. Fast immer. Und deswegen lieben wir den Verlierer. Im Herzen sind wir nicht bei Ann-Sophie, sondern bei dir. Am Ende denkt jeder: Was für ein süßer Junge – und was für 'ne doofe Zicke.»

«Ann-Sophie ist keine doofe Zicke!», stieß er hervor. «Sie wollte sich nur nicht mit mir verabreden. Wie peinlich ist das denn!»

Ich strich ihm über den Kopf. «Was soll denn daran peinlich sein? Und es kann dir doch auch total egal sein, die Szene ist drei Jahre her, du warst in der ersten Klasse …»

«Papa, du raffst es nicht», rief er, die Tränen schossen ihm in die Augen. «Ich bin *immer noch* in sie!» Das ist Jugendsprache für «in sie verliebt». Und da wusste ich, dass ich einen Fehler gemacht hatte. Den ich nie wiederholen würde. Und darum habe ich *Ihr Flüchtlinge kommet!* ja auch nicht im Hamburger Abendblatt veröffentlicht, sondern in der Stuttgarter Zeitung. Stuttgart! Das ist 700 Kilometer weit weg. Ich kenne keinen einzigen Stuttgarter. Außerdem habe ich alle Beteiligten total verfremdet.

Wobei ich zugeben muss: Das mit dem Verfremden bringt gar nichts. Die Leute erkennen sich immer wieder. Oder noch schlimmer: Sie *glauben*, sich wiederzuerkennen. In meinem ersten Roman gab ich meinem Freund Moritz eine tragende Nebenrolle als schlauer Berater des Protagonisten und beschrieb ihn unter dem Namen Max naturgetreu, wie er ist: klein, dick, rundlich, rotwangig, weitsichtig, oberklug, eine gealterte Ausgabe von Karlsson vom Dach. Zwei Tage nach Erscheinen rief mich mein zwei Meter großer Basketballfreund Ole an: «Danke für die Ehre – aber eine so große Rolle hättest du mir doch gar nicht geben müssen!»

«Wie, große Rolle?»

«Na, der schlaue Max – das bin doch ich! Aber warum um Gottes willen musstest du mich klein und dick machen?»

Natürlich habe ich nicht dementiert. Dementis bringen nichts, wenn jemand glaubt, jemand anders zu sein.

Umso stärker war mein Ziehen im Magen, als Tante Magnolia am Heiligabend um vier Uhr aus der Beifahrertür ihres Familienrenaults stieg und triumphierend mit der Stuttgarter Zeitung wedelte. «Wusstest du das?», rief sie, «eine ganze Seite!»

Das ist Tante Magnolia. Glaubt sie, ein Praktikant der Stuttgarter Zeitung hätte bei mir vorgestern eingebrochen und das Manuskript unter meinem Bett gefunden, in einem Koffer mit der Aufschrift «Nicht öffnen! Familienweihnachtsgeschichten – bestimmt zum Verbrennen nach meinem Tod!», um dann auf einem Pferd mit der Pergamentrolle unterm Arm nach Stuttgart zurückzureiten?

«Wahnsinn!», sagte ich. «Sie haben die Geschichte wirklich genommen?»

«Seite drei! Ich bin ja so stolz auf dich.» Sie strahlte. «Wir haben Benny in Stuttgart besucht, und heute Morgen im Hotel beim Frühstück, ich trau meinen Augen nicht! Hab gleich zwölf Zeitungen besorgt, für jeden eine!»

Mir brach der Schweiß aus. Allein was ich Onkel Helmut alles angedichtet hatte … Das durfte heute niemand zu lesen bekommen. Auf keinen Fall!

«Oh, wirklich», lächelte ich. «Wie fandest du die Geschichte denn?»

«Ich bin doch noch nicht zum Lesen gekommen», erklärte sie scherzhaft erbost. «Am besten liest du sie heute Abend unterm Tannebaum vor, was meinst du? Wir sind ja alle so stolz auf dich!»

Tante Magnolia. Selbst wenn sie Onkel Helmut begegnen würde, wie er gerade mit in die Stirn gezogenem Hut und hochgeschlagenem Mantelkragen die Herbertstraße verlässt, unser berühmtes Straßenbordell, würde sie ihm wohl spontan dazu gratulieren, dass er gerade versucht habe, die jungen Mädchen aus der Ukraine und Rumänien von ihrem sündigen Tun abzubringen. Und um alle daran teilhaben zu lassen, würde sie ein Foto von ihm mit runtergezogenem Hut und hochgeschlagenem Mantelkragen vorm Herbertstraßeneingang schießen und auf Facebook posten. Tante Magnolia ist die perfekte Romanfigur: In der Verfolgung bester Absichten löst sie maximale Katastrophen aus. Und ist sich dabei keiner Schuld bewusst. Sie glaubt so fest an das Gute im Menschen und sagt so zuverlässig die Wahrheit wie Fürst Myschkin in dem Roman, den Dostojewski nicht umsonst «Der Idiot» nannte.

«Das mit dem Vorlesen ist eine super Idee», sagte ich zu ihr. «Aber das macht doch nur Sinn, wenn vorher noch keiner die Geschichte kennt. Gib mir mal die Zeitungen, die verteile ich dann nach dem Vorlesen.»

«Kluges Bürschchen!» Tante Magnolia stupste mir mit dem Zeigefinger an die Nase. «Aber jetzt muss ich erst mal mein Schwesterherz begrüßen, wo ist sie denn …»

Und schon rauschte sie ab, während ihr Mann Bert sehr langsam aus dem Wagen stieg. Er ist emeritierter Professor für Migrationsforschung, und wir nennen ihn alle Dr. Berti, weil er mit seinem hohen, eierförmigen Glatzkopf und seiner granteligen Humorlosigkeit an Ernies Kompagnon aus der Sesamstraße erinnert. Seit heute Morgen war er durchgefahren, durch Nebel und Schneetreiben, von Stuttgart bis Pinneberg, wo meine Eltern immer die ganze Sippe am Heiligabend empfangen, und mutmaßlich hatte Magnolia sieben Stunden ununterbrochen auf ihn eingeredet. Im Durchschnitt reden Paare nach 40 Jahren nur noch zehn Minuten am Tag miteinander. Vielleicht hatte auch Berti darauf gehofft. Vergebens. Er sah sehr erschöpft aus.

«Hallo, Bert!», kam ich fröhlich auf ihn zu. Sein Blick ließ ahnen, dass er im Gegensatz zu seiner Frau die Geschichte schon gelesen hatte.

«Ihr nennt mich also Dr. Berti», stellte er fest.

«Äh, nein», dementierte ich lahm. «Nur weil dieser Onkel emeritierter Professor für soziale Diskriminierung ist …»

«An einer *Fachhochschule*, ja? Ich war C4-Prof an der größten soziologischen Fakultät der Republik, in Bielefeld!»

Er sah mich an, als hätte ich ihm erdoganartige sexuelle Vorlieben unterstellt, und schlug die Autotür zu. «Sorg einfach dafür, dass niemand aus der Familie diese Geschichte *jemals* zu lesen bekommt», sagte er sehr langsam und eisig. «Vor allem nicht dein Bruder.»

Ich schluckte. «Aber Steffen ist doch gar nicht da! Der ist doch in Grönland … oder war es Alaska?»

Berts Blick wechselte plötzlich von Zorn zu männlicher Solidarität, und er ging sehr nah an mein Ohr. «Magnolia hättest du nicht treffender beschreiben können», flüsterte er. «Noch so ein Jahr, und ich bring sie um.»

Damit ging er zum Kofferraum und wuchtete die schweren Koffer heraus. Magnolia packt immer wie für eine Auswanderung, selbst wenn sie nur einen Tag zu Besuch kommt.

Mein Bruder. Es stimmt, er ist ein ganz besonderer Fall. Vermutlich kennen Sie Reinhold Messner oder Rüdiger Nehberg oder Arved Fuchs. Leute, die nur mit einer Solartaschenlampe bewaffnet monatelang durch Nordsibirien, den indonesischen Dschungel, den Himalaya oder die Wüste Gobi irren, wo sich aus gutem Grund sonst niemals Menschen aufhalten, um nachher darüber exklusiv im *Stern* zu berichten und mit Diashows durch die Stadthallen der Republik zu tingeln: «In eisigen Höhen» – «Allein in der Wüste» – «Wo die Tiger frieren» – «Nackt am Amazonas» und so weiter. Ganz ehrlich: Warum zahlt jemand 20 Euro, um großformatige Fotos zu sehen, auf denen jemand zwei Wochen auf dem Nanga Parbat von einem halben, tiefgefrorenen Brötchen überlebt?

Ich gebe zu, Steffen hat schon als Dreijähriger Bildbände über die Antarktis angestarrt, mit fünf ging er zu den Pfadfindern, mit zwölf machte er das erste Survivaltraining im Sauerland. Mit fünfzehn verließ er zum Entsetzen meiner Eltern die Schule und trampte vier Jahre durch Südostasien, auf der Suche nach einem ersten, spektakulären Expeditionsziel. Aber der Markt ist hart umkämpft. Fuchs macht die Arktis, Martin die Wüsten, Baumgartner die Sprünge. Adventure-Stephen – so nannte er sich jetzt – wanderte barfuß von Pinneberg nach Perugia, durchschwamm nackt den Plattensee, erkletterte ohne Sauerstoffmaske einen völlig unbekannten Berg in Peru, aber weder Red Bull noch der *Stern* zeigten sich interessiert. So wurde er erst Verkäufer bei Globetrotter, um schließlich als Reiseleiter bei Froschreisen anzuheuern, wo er jetzt mit 20 Erdkunde-Studienrätinnen in Schneeschuhen vollkaskoversichert durch die weißen

Weiten Lapplands stapft und dabei von seinen Abenteuern in Papua-Neuguinea erzählt. Und das ist ja auch völlig in Ordnung. Es nervt nur ein ganz klein wenig, dass er auf jeder Familienfeier ausführlich erklärt, warum Nehberg, Fuchs und Baumgartner alles Milchbubis seien. Aber keine Sorge, ich würde mich niemals über ihn lustig machen, im Gegenteil: In *Ihr Flüchtlinge kommet!* habe ich aus Rücksicht auf seine Privatsphäre seine Biographie vollkommen umgeschrieben. Da bricht er mit fünfzehn die Schule ab, um mit der Death-Speed-Metal-Band *Suicide Zombie Alarm Clock* Weltkarriere zu machen, aber keine Plattenfirma ist interessiert, und am Ende tingelt er als Backgroundsänger einer *Tribute-to-Costa-Cordalis-Show* durchs Land. Ich hatte noch überlegt, ihn zum Leadsänger zu machen, aber wäre das nicht noch demütigender gewesen? Und wie gesagt: Er ist ja gar kein Sänger. Er ist bei Froschreisen. Worüber sollte er sich aufregen?

Wie man es auch macht, man macht sich Feinde. Hat Maxim Biller noch Freunde? Ich weiß es nicht. Ich möchte es auch gar nicht wissen, vor allem jetzt nicht, da Tante Magnolia mit den 12 Stuttgarter Zeitungen am Heiligabend ins Haus meiner Mutter stapft. In der Geschichte habe ich nämlich gleich zwei Weihnachtsticks meiner Mutter aufs Korn genommen: das *Selbermachen* und die *Überraschung*. Jede dieser Wahnideen hat schon für sich genommen genug Leid über die Menschheit gebracht, aber zusammen sind sie einfach unschlagbar: «Oh, eine Lampe aus Joghurtbechern! Was, äh, was – genau soll ich damit anfangen?»

«Ich wusste, dass du dich darüber freuen würdest. Fürs Wohnzimmer, natürlich!»

In *Ihr Flüchtlinge kommet!* schenkt meine Mutter, die dort allerdings zur Anonymisierung nicht Gisela, sondern Gundula heißt, dem stockkonservativen afghanischen Flüchtlingsvater Walid selbstgehäkelte, froschgrüne Topflappen. Walid bedankt sich, hält sie für Servietten, putzt sich daran die Hände ab und wirft sie in den Müll. In dem «offenen Brief», den Helmut dann kurz vor Silvester an jedes Mitglied der Großfamilie schicken sollte, warf er mir aufgrund dieser Szene «puren Rassismus» vor – obwohl es doch offensichtlich nicht gegen Walid, sondern gegen die Topflappen geht. Außerdem habe er niemals «Seelsorge in der Herbertstraße betrieben», weder mit weißblonden Ukrainerinnen noch mit schwarzhaarigen Libanesinnen. Meine Mutter reagierte ähnlich überzogen: Sie kündigte mir am Zweiten Weihnachtstag am Telefon in bitterer Tonlage an, mir nie wieder etwas zu häkeln (zugegebenermaßen keine wirklich schlimme Drohung). Außerdem werde sie Eva, mir und den Kindern nie wieder Zutritt zur Heiligabend-Familienfeier gewähren, weil sie sich «nicht kurz darauf als Xenophobe in der Zeitung sehen» wolle.

Ich verstehe die ganze Aufregung nicht. Walid tut mit den Topflappen doch nur das, was wir auch gerne täten, wenn die mitteleuropäische Höflichkeit uns nicht dazu zwänge, uns überschwenglich für Dinge zu bedanken, die wir grauenhaft finden. Dasselbe gilt für Walids Sohn Nuri, der in *Ihr Flüchtlinge kommet!* Helmuts dicke Tochter Lucy mit den Worten anspricht: «You are too fat. You should go to the gym. We could go together.» Im Original stammt die Bemerkung von meinem afghanischen Freund Adjmal, der damit bei einer Mitbewohnerin im Studentenwohnheim eine Panikattacke auslöste. In Afghanistan, so Adjmal, sei es völlig normal, jemand darauf hinzuweisen, dass er zu fett geworden sei. In der Geschichte erleidet Lucy einen Nervenzusammenbruch und gibt unter Weinen bekannt, mit so einem Frauenfeind könne sie nicht zusammenleben, Flüchtling hin oder her. Dabei ist Nuri alias Adjmal im Recht: Viel zu selten fordern wir unsere übergewichtigen Freunde auf, mehr Gymnastik zu machen! Hier gilt es, von den Paschtunen zu lernen. Aber weil ich schon ahnte, dass meine Familie das nicht kapieren würde, hechtete ich jetzt hinter Tante Magnolia her, die mit der Tasche mit den Stuttgarter Zeitungen bereits das Haus betreten hatte.

Meine Mutter ist die Neugier in Person, sie würde die Geschichte sofort lesen, im Stehen, in weniger als einer Minute: Alles, was sie tut, tut sie in atemberaubendem Tempo. Vermutlich wird sie auch mit 90 noch genauso schnell herumwieseln, und anders könnte sie es ja auch nicht schaffen, unserer fünfzehnköpfigen Kernfamilie zum Heiligabend drei Vorspeisen, neun Hauptspeisen und vier Desserts zu servieren.

«Ich bringe die Tasche eben in euer Zimmer!», rief ich, schnappte sie Tante Magnolia weg, rannte damit die Treppe hoch ins Gästezimmer, zerknüllte und zerfetzte zwölf Mal die Seite drei und entsorgte die Überreste im Altpapiercontainer im Seitenhaus.

«Du hast eine Geschichte geschrieben?», begrüßte mich meine Mutter, als ich wieder die Küche betrat.

«Mutti, das tue ich andauernd», antwortete ich so leichthin wie möglich.

«Komme ich auch drin vor?»

«Äh – nein», sagte ich. «Es geht um eine fiktive Familie. Ähnlichkeiten mit lebenden Personen sind rein zufällig.»

«Also die Drei-Meter-Tanne und die selbstgehäkelten Topflappen kommen nicht vor?» Sie sah mich lauernd an.

Ich lachte etwas künstlich. «Wo denkst du hin? Millionen Hausfrauen benutzen die Häkelvorlagen aus *Brigitte Woman*. Und wir lieben die drei Meter hohe Tanne!»

Ich begriff nicht. Sie konnte die Geschichte noch gar nicht gelesen haben. Kannte sie mich einfach so gut?

«Aber jetzt muss ich mal die Geschenke aufbauen!», sagte ich und flüchtete mich zu meinen Blagen ins Wohnzimmer, wo mein allerjüngster Sohn Linus gerade meinem Vater aufzählte, was er sich alles von wem gewünscht habe. «Also von Tante Rosi das Viking-Schwert», dozierte er. «Für 70 Euro. Weil sie schenkt einem immer die teuersten Sachen. Und von Berti das Ready-for-Battle-Arm-und-Beinschützer-Set für 34 Euro. Vielleicht auch noch die Epic-Effekt-Elfenohren. Die kosten schließlich nur fünf Euro das Stück.»

«Man kann sich auch nur ein Ohr kaufen?», fragte mein Vater, der wie immer auf der Wohnzimmercouch lag, mit Blick auf den circa drei Meter hohen Baum.

«Warum denn nicht?», antwortete Linus, «dann wünscht man sich eben zum Geburtstag das zweite Ohr!»

Mein Vater sah ihn ganz ernst an. «Das bringt Unglück!», flüsterte er. «Wenn du nur ein Elfenohr aufsetzt, wird dieses Ohr länger und länger. Das andere wird kürzer und kürzer. Bis das eine Ohr dir über die Schulter hängt, bis zum Fußboden. Und das andere wird klein wie ein Knopf und verschwindet schließlich in deinem Kopf!»

Immer leiser und eindringlicher sprach Opa Hans, immer ängstlicher und aufmerksamer lauschte Linus. Mein Vater war sehr erfolgreich als Immobilienmakler, aber er hätte auch einen phantastischen Gruselgeschichten-schreiber abgegeben. In *Ihr Flüchtlinge kommet!* erzählt er den vier afghanischen Mädchen jeden Abend das Mär-chen vom Räuberhauptmann, bis sie solche Albträume bekommen, dass sie das Weite suchen und zu uns ziehen. Bis zum Schluss erfährt man nicht, ob Opa Hans – er heißt dort Opa Harry – sich für die weggeworfenen Topflappen rächen wollte oder einfach nur gerne das Märchen vom Räuberhauptmann erzählt. Wie oft habe ich ihn dafür ge-hasst, dass er meinen Kindern immer wieder die Szene aus-malte, wie der Räuberhauptmann seinem jüngsten Opfer den Finger abhackt, der in hohem Bogen hinter den Kessel fliegt, hinter dem sich der Ich-Erzähler versteckt hält. Aber in diesem Moment hasse ich Linus, denn er hat mir dieses ganze Schlamassel hier eingebrockt. Und zwar mit seinem unentwegten Gegreine letztes Jahr, er wünsche sich Meer-schweinchen, Meerschweinchen, Meerschweinchen. Hun-dert Mal haben Eva und ich ihm erklärt, er sei noch zu jung, mit sechs könne er die Verantwortung noch nicht tragen, Meerschweinchen müssten jeden Tag versorgt werden und nicht nur nach Lust und Laune.

«Nun seid doch nicht so», krächzte Lukas, der Große. «Der Kleine wünscht sich nichts anderes. Und Weihnachten ist nun mal das Fest der Wünsche.»

«Tiere sind keine Wünsche, Tiere sind eigene Wesen!», protestierte Lina, unsere Mini-Tierrechtlerin – mit zwölf schon vegan.

«Ich wollte auch immer Meerschweinchen und hab auch

nie welche bekommen», trotzte Leo. «Da ist es nur gerecht, wenn Linus auch keine bekommt.»

«Was ist 'n das für 'ne beknackte Logik?», stöhnte Lukas. Und da muss es in seinem Kopf Klick gemacht haben. Er hat einfach seine guten Beziehungen zu Tante Rosi ausgenutzt. Die stellte am Heiligabend letztes Jahr einen riesigen Meerschweinchenkäfig zu Linus' Geschenkehaufen und deckte ihn nur notdürftig ab, sodass der Kleine schon vor Begeisterung aufjauchzte, als er auf das Flötensignal meiner Mutter (*Ihr Kinderlein kommet!*) das Weihnachtswohnzimmer betrat.

«Meerlis», schrie er und riss, ohne den offiziellen Bescherungsbeginn abzuwarten, das Papier vom Käfig. Zwei braun-weiße Langhaarmeerschweinchen kamen zum Vorschein, ein Weibchen und ein kastriertes Männchen. Eva und ich sahen uns entsetzt an.

«Na, da habe ich dem kleinen Mann ja eine Freude gemacht!», feixte Tante Rosi, die Geschenke im Grunde immer ausgenutzt hat, um ihre passiven Aggressionen loszuwerden. Wir sahen auf Linus, auf Rosi und wie zufällig auf Lukas, dessen Grinsen verriet, wer tatsächlich dahintersteckte.

«Das ist ungerecht», krähte Leo. «Ich hab auch nie welche bekommen. Ich kriege wenigstens eins ab!»

«Nichts kriegst du ab», schrie Linus, «gar nichts! Seppi und Beppi gehören mir, mir, mir!»

Seppi und Beppi? Welche Kinderbücher aus den 40ern hatte meine Mutter ihm denn bloß in den letzten Wochen vorgelesen?

An Wegnehmen war nicht zu denken. Zumal er noch ein

Buch dazubekommen hatte, *Meine Meerlis*, das er sich zwei Mal von Lina vorlesen ließ. Darin war alles Wissenswerte über die Haltung und Pflege der südamerikanischen Nager zu finden.

Es dauerte nur drei Nächte, da stand Linus weinend vor unserer Schlafzimmertür. «Die machen so komische Geräusche», schluchzte er. «Da kann ich nicht schlafen! Und wenn ich doch einschlafe, verwandeln sie sich in riesige Ratten und fressen mich auf – wie in der Geschichte, die Opa Hans mir erzählt hat!»

Bei Linus konnten die beiden nicht bleiben. Leo jubelte. «Endlich Meerlis!», jauchzte er. «Aber so mit dem leeren Käfig, das geht natürlich gar nicht. Das müssen wir schon etwas professioneller aufziehen!»

So fuhren wir am nächsten Freitagnachmittag zum *Nagerparadies Vorderzahn*, wo wir für die beiden noch jede Menge Käfigmobiliar kauften, einen Heutunnel und eine Korkröhre, das Holzlaufrad Speedy, eine Weidenbrücke aus biegsamem Naturholz, eine Wassertränke, einen Keramiknapf und den Frucht- und Gemüsehalter *Trixie*. Leo ist ungekrönter König darin, Ausgaben zu generieren. Er sollte irgendwann Chef der SPD-Programmkommission werden.

Nur mit dem Dressieren wollte es nicht klappen. Sosehr er auch den Anweisungen aus dem Buch folgte, Johnny und Ronny, wie sie jetzt hießen, lagen faul im Stall und nagten an ihren Möhren, Leos Befehle überhörten sie höflich.

«Weil das eben keine dummen Dressieraffen sind», triumphierte Lina, «sondern freie Wesen! Aus der südamerikanischen Prärie!»

«Gar nicht», widersprach Leo. «Das war nur der Verführungseffekt.»

«Der *Vorführeffekt*», lachte Lukas. «Verführung geht *etwas* anders.» Ich warf ihm einen tödlichen Blick zu. Auch wenn er schon 17 war, musste er jetzt keine unnötigen Aufklärungsstorys zum Besten geben.

Ohne Dressur ebbte Leos Interesse sehr schnell ab. Schon Ende Januar beschäftigte er sich nur noch mit seinen Pokemonkarten, die Wassertränke und *Trixie* waren fast immer leer. Im Februar fielen Ronny die Haare aus.

«Das ist Tierquälerei», protestierte Lina. «Ich nehme die beiden!»

So wanderte der Käfig in ihr Zimmer. Und die beiden in ihren Schoß, während sie las, CDs hörte oder Hausaufgaben machte. Bis diese Pusteln auf ihrer Haut auftauchten: Tierhaarallergie, wie der Hautarzt diagnostizierte.

«Das hat sie von mir!», stellte Eva fest. Womit klar war, wohin die beiden jetzt übersiedeln würden: in mein Arbeitszimmer. Anfang März stellte sich heraus, dass das Männchen mitnichten kastriert war. Statt eines Käfigs brauchten wir nun ein Gehege. Und Eva schlug vor, dass ich doch problemlos mit meinem Schreibtisch in den Keller ziehen könne. «Äh, könnte nicht theoretisch die *Meerschweinchensippe* in den Keller?», unternahm ich einen kurzen Aufstandsversuch. Eva blickte mich entsetzt an. Es war entschieden. Ich durfte in den Keller ziehen, weil Tante Rosi Linus etwas zu Weihnachten geschenkt hatte. Dieses Trauma musste ich literarisch verarbeiten.

Nur durfte es in der Geschichte natürlich nicht vordergründig um Meerschweinchen gehen. Zumal ich mit *Meer-*

schweinchen mein Verlagstrauma schlechthin verbinde. Ich hatte einen wunderbar versponnenen Roman über einen alleinerziehenden Vater geschrieben, der sich unsterblich in seine neue Nachbarin verliebt, als der Verlag zu der Überzeugung gelangte, es müssten unbedingt zwei Meerschweinchen auf den Titel, weil neue Untersuchungen ergeben hätten, dass sich Bücher mit kleinen Haustieren auf dem Titel doppelt so gut verkauften wie Bücher ohne kleine Haustiere auf dem Titel – besonders Haustiere mit wuscheligem Fell. Ich wies darauf hin, dass in dem Buch überhaupt keine Meerschweinchen vorkämen und die völlig falsche Zielgruppe damit angesprochen werde – vergeblich. Der Verlag beharrte auf den Wuscheltieren, und am Ende, um nicht zum Gespött meiner Kollegen zu werden, erschien der Roman mit Meerschweinchen auf dem Titel, aber ohne meinen Namen, sondern unter dem Pseudonym Hans Leonhard (Hans! Leo!). Ich machte keine Werbung für das Buch (wie auch?), der Verlag im Gegenzug auch nicht, und am Ende führten die verkaufsfördernden Meerschweinchen dazu, dass von dem Roman etwa drei Exemplare verkauft wurden, einschließlich Österreich und der Schweiz.

Meerschweinchen durften in der Geschichte also nicht vorkommen. Aber im Grunde ging es bei meinem Abstieg in den Keller ja auch nicht um Hausnagetiere, sondern um das Abschieben von Verantwortung. Und da fiel mir ein, was meine alte Schulfreundin Barbara mit Aliyah erlebt hatte. Barbara ist eine gute Seele, sie hilft, wo sie kann, und als die Flüchtlinge kamen letztes Jahr, lieferte sie nicht ihre Altkleider bei einer Sammelstelle ab, nein, sie nahm Aliyah bei sich auf, ein 17-jähriges pakistanisches Mädchen, das

von ihren Eltern an einen doppelt so alten Mann zwangsverheiratet worden war, der sie in einen Keller sperrte und
missbrauchte. Irgendwie gelang es ihr zu entkommen, die
Familie des Ehemannes schwor Blutrache, und so floh sie
nach Deutschland und landete bei Barbara. Ich bin stolz
auf Barbara. Wer hätte unsere Hilfe mehr verdient als die
arme, zwangsverheiratete Aliyah? Schon nach kurzer Zeit
allerdings tauchte Aliyahs Schwester Nargis vor der Wohnungstür auf, zur großen Freude von Aliyah und Barbara –
ich gebe zu, ich wurde schon etwas stutzig. War sie auch
zwangsverheiratet worden? Oder sollte sie auf Aliyah aufpassen? Nein, das musste sie nicht, denn bereits vier Wochen
später lud Barbara mich zum großen Familienkaffeetrinken
ein. Und ich traute meinen Augen nicht: Dort saßen Aliyah
und Nargis (jetzt mit Kopftuch), die Mutter (natürlich auch
mit Kopftuch) und Aliyahs Vater als Pascha in der Mitte –
ebenjener Mann, der seine Tochter an den doppelt so alten
Lüstling zwangsverheiratet hatte. Würde als Nächstes auch
noch der Ehemann plus Familie auftauchen? Und sich hier
nach einem Haus mit Keller umsehen? Barbara schien die
Unlogik nicht zu begreifen; stattdessen war sie außer sich
vor Freude über die Familienzusammenführung.

Das ist es, dachte ich. Ich führe alles zusammen! In *Ihr
Flüchtlinge kommet!* bringt Tante Rosi am Heiligabend
keine Meerschweinchen mit, sondern ihr entzückendes af-
ghanisches Flüchtlingspatenkind Samira. Sie selbst, so Rosi,
müsse ja nun ein halbes Jahr auf Kur, und Gregory sei ja immer auf Konzertreise – aber das Riesenhaus meiner Eltern,
stehe das nicht völlig leer, seit wir Kinder ausgezogen seien?
Meine Eltern räuspern sich. Sehen sich an. Und lächeln

etwas säuerlich. Sie können sich denken, wie die Geschichte weitergeht. Mit den Wochen kommen, wie bei Barbara, immer mehr Verwandte hinzu. Und eine Odyssee durch meine Großfamilie beginnt: Opa Harry vergrault die Mädchen mit seinen Horrorgeschichten, Pfarrer Herbert duldet die Beleidigung seiner fetten Tochter nicht, weil er Cousin Memet bei seinen Seelsorgebemühungen in der Herbert(!)-straße begegnet ist, und Tante Magnolia zerstreitet sich mit Vater Walid über Israel, Schwule und schwule Israelis. Am Ende landet die mittlerweile sechzehnköpfige Großfamilie bei uns, wir ziehen in mein lichtloses Arbeitszimmer im Keller, während oben im Haus der Zentralrat der Afghanen in Eimsbüttel gegründet wird. Das ist natürlich etwas zugespitzt, aber im Großen und Ganzen wäre es wohl so abgelaufen, hätte Tante Rosi zu Weihnachten ein Flüchtlingspatenkind mitgebracht.

«Ich höre grad von Annika», sagt Lukas, der reingeschlendert kommt, «du hast wieder 'ne neue Geschichte über unsern Schwachmatenverein geschrieben? Wie geil ist das denn! Kann ich schon mal lesen?»

Ich schlucke. Wieso weiß Annika davon? Wenn jemand meine Geschichte hassen wird, dann Annika. Sie ist meine Schwester und die klassische akademische Linksradikale. Als poststrukturalistisch-marxistische Anglistin hält sie jede Form von Grenzen für postfaschistisch. In der Geschichte freilich wird sie vor allem von der Sorge getrieben, ich könne sie bitten, die 16 Schutzsuchenden vorübergehend in ihrer Sechs-Zimmer-Altbauwohnung in Hamburg-Eppendorf aufzunehmen, die sie als gutverdienender metrosexueller Single alleine bewohnt. Lieber geht sie für drei Jahre an die King Abdullah University of Quatar, wo sie einen neuen Sonderforschungsbereich leitet über die *Diskriminierung verschleierter Muslima in der nordamerikanischen Belletristik des 21. Jahrhunderts.*

«Das war in der Stuttgarter Zeitung, die schicken mir frühestens in zwei Wochen das Belegexemplar zu», lasse ich Lukas abblitzen.

«Aber Tante Magnolia meint, sie hat zwölf Ausgaben mitgebracht. Gib mir doch mal eine.» Ich zögere nur eine Sekunde, dann habe ich meine Fassung wiedergewonnen.

«Siehst du nicht, was hier alles zu tun ist? Dafür haben wir im Moment keine Zeit!» Hat mein Blick gerade in Panik geflackert? Lukas scheint es nicht bemerkt zu haben, er grinst ganz entspannt. «Chill! Was soll zu tun sein? Omi hat doch wie immer alles perfekt vorbereitet!»

In dem Moment klingelt es an der Haustür. Es ist Tante Rosi ohne ihren Konzertgeigermann Gregory, den sie dafür hasst, dass er ständig mit dem Boston und Chicago Symphony Orchestra spielt und deshalb auch heute wieder nicht dabei ist. Dafür muss sie unentwegt erzählen, welche Auszeichnungen er gerade wieder bekommen hat.

«Wann kommt denn nun endlich die Bescherung?», ruft Linus. «Es sind doch alle da. Bescherung! Bescherung!»

Genau: Bescherung! Großartig. Alle sind abgelenkt. Für Stunden. Auch beim nachfolgenden Vier-Gänge-Menü mit Truthahn und veganem Seitan-Steak für Lina scheint meine Geschichte vergessen. Doch am Ende des Abends, so will es das Ritual, zündet meine Mutter die zweite Riege Bienenwachskerzen an und fordert uns auf, uns noch mal «ganz gemütlich» um den Baum herumzulagern. Merkwürdig:

Den ganzen Tamtam mit Geschenken und Mehrgänge-
menü macht sie eigentlich nur, damit wir mal einen Moment Ruhe haben. Aber diese Ruhe tritt irgendwie nie ein.

«Jetzt fällt's mir wieder ein», ruft Tante Magnolia. «Sören
hat doch heute eine Weihnachtsgeschichte in der Stuttgarter Zeitung veröffentlicht, die wollte er doch noch vorlesen!
Und jetzt sitzen wir doch alle zusammen!»

«Klingt interessant», sagt Tante Rosi. «Was denn für eine
Geschichte?»

«Wieder so was – Humoristisches?», fragt meine Schwester. Sie liest nichts unter Thomas Pynchon und Paul Auster.
Vermutlich ist es ihr vor ihren akademischen Kolleginnen
wahnsinnig peinlich, diesen Bruder zu haben, der immer
nur diesen flachen Mist schreibt. Und dann noch halbwegs
erfolgreich.

«Geschichte! Geschichte!», ruft Leo.

«Wollen wir nicht lieber die Weihnachtsgeschichte aus
dem Lukasevangelium vorlesen?», schlage ich vor. «Das ist
doch viel feierlicher. Und passt besser zu den Kerzen.»

«Ach was», wischt Tante Magnolia meinen Vorschlag
beiseite, «wir sind doch alles Atheisten – bis auf Helmut natürlich! Nein, *deine* Geschichte wollen wir hören. Hol doch
mal die Zeitung!»

Soll ich jetzt ernsthaft ins Gästezimmer nach oben und
so tun, als suchte ich nach den Zeitungsseiten, die ich bereits vernichtet habe? Nein, ich lüge zu schlecht. Also bleibe
ich sitzen.

«Was ist?», fragt Tante Magnolia nach. «Worauf wartest
du?»

Ich stelle mir vor, wie Linus immer dazwischenfragen

wird: «Was ist Zwangsheirat, Papa? Und was ist Heorin?» Am Ende stellt sich nämlich raus, dass die Großfamilie von Aliyah einer der größten Heroinexporteure am westlichen Hindukusch ist.

«Wir könnten ja auch beides hören», meldet sich nun Helmut mit seiner pastoralen Dröhnstimme, während er seiner fetten Tochter Lucy über den Kopf tätschelt, «das Lukasevangelium und deine humorvolle Kurzgeschichte.» Wenn ein Religionslehrer das Wort *humorvoll* benutzt, weiß man schon, dass ihm jeder Sinn für Komik abgeht. Nun, bei Helmut wusste man das schon vorher. Aber klar, erst Lukasevangelium, dann Schlafmohnexport – passt phantastisch! Und ich bräuchte jetzt eine Inspiration, eine rettende Idee, eine Ohnmacht oder plötzliche Kopfschmerzen oder ein Erdbeben oder einen Herzinfarkt. Aber so ist das manchmal bei Schriftstellern – mir fällt absolut nichts ein.

«Papa, nimm's mir bitte nicht übel, aber wisst ihr, was ich viel geiler fände?», krächzt Lukas in die Stille hinein. «Wenn wir mal alle zusammen Weihnachtslieder singen würden! Ich meine, das ist doch nun mal echt das Weihnachtlichste an Weihnachten.»

Ich traue meinen Ohren nicht. Lukas, der keinen Ton halten kann, obwohl ich ihm in seinen ersten drei Jahren jeden Tag ein ganzes Liederbuch vorgesungen habe, Lukas, der sich immer geweigert hat, vor der Bescherung auch nur ein einziges Weihnachtslied mitzusingen, Lukas, der jede Gelegenheit nutzte, die Texte zu veräppeln – *O Tannebaum, o Tannebaum, die Omi hängt am Gartenzaun* – Lukas will, dass wir jetzt alle zusammen singen?

«Ja, singen! Wie schön!», ruft Lina.

«An sich schon», überlegt Eva, «aber ich fürchte, ich kann höchstens die erste Strophe von O Tannebaum auswendig.»

«Notfalls summen wir eben», sagt Dr. Berti. «Ich finde Lukas' Vorschlag sehr gut.» Wir erschrecken. Dr. Berti sagt sonst nie etwas.

«Null Problemo», meint Lukas. «Ich hab für alle die Texte kopiert!» Damit zaubert er unter seinem Stuhl einen ganzen Packen Kopien hervor und reicht jedem von uns einen eigenen Stapel. Ich bin völlig perplex. Wann hat er die Kopien gemacht? Bei uns zu Hause bestimmt nicht.

«Ich will lieber Papas Geschichte hören!», schmollt Linus.

«Jetzt singen wir erst mal», sagt Lukas mit seiner unnachahmlich rauen Stimmbruchstimme. Meine Mutter strahlt. Lina strahlt. Und ich erst. Ich bin gerettet. Denn nach dem Singen haben alle meine Geschichte vergessen, und es ist schon viel zu spät, und wir müssen schnell aufbrechen, um die Kinder ins Bett zu bringen, und schließlich müssen wir noch nach Hamburg zurückfahren.

Nachts steht Lukas auf dem Balkon und raucht eine, ich stelle mich dazu.

«Sag mal, seit wann stehst du auf Weihnachtslieder?», frage ich.

Er zieht an seiner Gauloises Blondes. «Papa, mit deiner Geschichte, die war echt lustig, aber das wär so was von gar nicht gegangen.»

«Äh, wie – wo hast du die denn gelesen?»

«Die ist doch längst online. Ich mein, allein dass Steffen für drei Jahre als Jürgen-Drews-Imitator auf der AIDA-Family anheuert, nur um den afghanischen Heroinclan nicht beherbergen zu müssen …» – «Das war nicht Steffen, sondern Barry. Steffen würde eine Nordpolumrundung auf einem Schneepflug machen.»

Eva kommt dazu. «Ich habs grad auf'm iPad gelesen.» Sie seufzt.

«Also wenigstens das mit Onkel Helmut hättest du dir sparen können.»

«Aber er heißt doch gar nicht Helmut in der Geschichte, sondern Herbert. Und ich habe ihn von Delmenhorst nach Neumünster umgesiedelt und einen Pfarrer aus ihm gemacht.»

«Und tatsächlich ist er Religionslehrer», stöhnt Eva. «Das ist ja ein Riesenunterschied.»

«Ohne die Religion hätte die Pointe nun mal nicht funktioniert!»

Eva sieht mich an. Dann küsst sie mich auf den Mund. «Ich liebe dich, du kleiner Satan. Aber eins musst du mir versprechen.»

«Was denn?»

«Dass du wenigstens über diese Beinahkatastrophe nicht wieder 'ne Geschichte schreibst.»

Ich lächele sie mit meinen kristallklaren, blauen Augen an.

«Darüber 'ne Geschichte schreiben? Damit wir nie wieder eingeladen werden? Auf keinen Fall!»

Judith Luig

Das Problem mit Silvester

Der Schlag kam aus dem Hinterhalt. «Was macht ihr eigentlich Silvester?», fragte Kathrin an einem Dienstag im April in den blauen Himmel hinein. Es war einer der ersten warmen Tage im Jahr, ich hatte nach der Arbeit kurzentschlossen Anne und Kathrin abgeholt, und wir waren mit gekühltem Bier vom Späti zu unserem Stammsee geradelt. Natürlich war es noch viel zu kalt zum Baden, und so lagen wir auf der noch grünen Wiese und starrten in die Weite. Niemand dachte an etwas Böses. Und dann kam Kathrin mit Silvester.

Ausgerechnet Kathrin, dachte ich. Aber sagen tat ich nichts. Anne muss wohl etwas Ähnliches gedacht haben. Auf jeden Fall schwieg auch sie, und gemeinsam starrten wir noch etwas intensiver in die Weite. Mit Silvester gibt es nämlich ein Problem.

Ich weiß nicht mehr, wann dieser Tag seine Unschuld verloren hat. Ich weiß nur noch, dass das letzte wirklich «große» Silvester mittlerweile schon zehn Jahre zurückliegt. Es war unser erstes Jahr in Berlin. Anne und ich waren gemeinsam zum Praktikum hergekommen, wir waren beide frisch und glücklich getrennt, waren gerade mit der Uni in der Kleinstadt fertig geworden und jetzt neugierig auf Berlin. Wir hatten keine Lust gehabt, mit irgendjemand anderem als mit uns selbst das neue Jahr zu feiern, und so saßen wir zu zweit am letzten Abend des Jahres in unserer Miniwohnung zur Zwischenmiete im Prenzlauer Berg, in einer Küche, die so groß war wie ein Handtuch. Wir aßen Lachs und Kartoffelgratin und tranken sehr viel Wein, bis Anne entschied, dass man um zwölf zum Böllern nach draußen gehen musste. Immerhin hatten wir extra Munition besorgt, und Munition zu haben ist an Silvester wirklich wichtig in Berlin, das hatten wir gehört. Auf der Straße, beim Abfackeln von Hunderten von Raketen, Leuchtfeuern und Lichterkerzen lernten wir Annes Nachbarn kennen, mit denen wir die ersten leeren Sektflaschen als Raketenbasisstationen umfunktionierten und uns gegenseitig unsere Böller ausprobieren ließen. Wir hatten diese Nachbarn noch nie gesehen, aber innerhalb von wenigen Minuten wurden wir die engsten Verbündeten in der Straßenschlacht gegen die Nachbarn von gegenüber. Das war der Moment, an dem ich merkte, dass dieses Silvester anders werden würde als alle jemals zuvor.

Nachdem gegen zwei die Sektflaschen geleert, aber keine Raketenstationen mehr nötig waren, nahmen uns die Nachbarn mit in ihre Wohnung im vierten Stock, wo eine wirklich gute Party im vollen Gange war. Als wir kamen, spielten sie gerade Prince, die Stimmung war aufgeladen. Ein paar Leute, die irgendjemand mitgebracht hatte, tanzten ekstatisch im Flur. Wir tanzten mit. Gegen fünf Uhr morgens hatten wir alles leer getrunken, sogar den Schnaps. In unserer Universitätsstadt hätten wir zu diesem Zeitpunkt nur noch ins Bett gehen können. Aber wir waren jetzt ja Berliner, also zogen wir weiter zur einer anderen Party ein paar Straßen weiter, von der irgendeiner unserer neuen Freunde gehört hatte, und dort blieben wir und tranken und tanzten, bis die Musik schlecht wurde und der Sekt leer war und Ulf anrief. Den hatte ich nach Weihnachten im Zug nach Berlin kennengelernt. Ulf war gerade in einem inoffiziellen Club auf der Torstraße, wo man in einem ganz normalen Haus in der ersten Etage bei «Schmitz» klingeln musste, und verlangte von uns, sofort das nächste Taxi zu nehmen. Zu dem Zeitpunkt waren wir schon so herrlich betrunken, dass wir vermutlich auch in den nächsten Flieger nach Nizza gestiegen wären, falls Ulf das für eine gute Idee gehalten hätte. Die Party von Ulf war also nur semi-öffentlich, es gab jede Menge schräge Typen, und es war irre voll und dunkel, und zwischendurch sah ich über Stunden niemanden mehr, den ich kannte. Sicher erschien schon ein paar Wochen später eine Reportage im SZ Magazin über die Location. Aber an diesem Abend besaß sie noch den Reiz des Verbotenen. Die Electro Dance Music dröhnte, dass die Scheiben klirrten, und wir tanzten wie die Irren. Anne küsste einen Typen, von dem wir später erfuhren, dass er Kai hieß (aber da hatten wir ihn auch schon wieder verloren), und irgendwie ging es so weiter durch die Nacht, und gegen elf Uhr am nächsten Tag kam der Erste auf die Idee, dass wir vielleicht mal wieder was essen könnten. Wir gingen dann aber doch ins Schwarz-Sauer, und da wurde weitergeraucht und -getanzt, und wir fühlten uns irre jung und frei, und die

Welt stand uns offen. Ich glaube, es war das geilste Silvester meines Lebens.

Natürlich dachte und hoffte ich, dass ab jetzt alle Silvester so sein würden, weil Berlin einfach so war. So wild, so illegal, so unvorhersehbar. Im Jahr darauf war es dann tatsächlich auch wieder so, da landeten Anne und ich über Umwege durchs Tacheles in einer Hinterhofbar, von der ich gar nicht mehr weiß, in welchem Bezirk sie lag. Wir lernten Menschen kennen, freundeten uns an und verloren sie wieder. Irgendwann, als es schon hell wurde, strandeten wir in Clärchens Ballhaus, wo eine Zigeunerband aufspielte und unsere Freunde, die aus Karachi und London zu Besuch gekommen waren, mächtig beeindruckte. Und Ulf, dessen Sohn im März geboren worden war, kam auch noch vorbei und tanzte mit. Und wir tanzten und feierten, und irgendwie war es auch egal, dass Silvester war, denn in diesen Zeiten in Berlin gab es immer wieder Nächte, die genauso unendlich waren wie diese.

Aber Berlin wurde älter und wir auch. Gemeinsam verloren wir das Händchen für die Zwischennutzung und für das Verbotene. Die Partys wurden langsamer, das Cruisen nahm ab, und als schließlich das erste Mal jemand auf die Idee kam, dass man zu Silvester nicht mehr einfach auf die Straße gehen kann und nicht mehr einfach irgendwohin mitgeschleppt werden kann, war es vorbei.

Das dachte ich jedenfalls, als Kathrin an diesem sonnigen Apriltag am Weißensee nach Silvester fragte.

«Glaubt ihr, der Kiosk von der Badeanstalt hat schon auf?», fragte ich also, als hätte ich nichts gehört. Aber meine

Freundinnen waren mit ihren Flaschen noch gar nicht fertig. Anne hatte sich gleich ein alkoholfreies Weizen gekauft, Kathrin trank ein Becks Lemon. Ich blickte skeptisch auf meine Flasche Helles. Wenn die beiden schon am ersten schönen Tag im Jahr nichts tranken, wie sollte das bis zum 31. Dezember weitergehen?

Dass ausgerechnet Kathrin nach unseren Silvester-Plänen verlangte, war kein gutes Zeichen. Zumal: im April! Da fängt der Sommer doch gerade erst zaghaft an. Da ist doch noch alles drin. Wer weiß, vielleicht hätte ich ja schon in den nächsten Tagen an einem warmen Frühlingsabend irgendwo vor einer Kneipe in einem Hinterhof einen Wahnsinnstypen kennengelernt. Dessen Freunde hätten vielleicht ein Haus in Montpellier, alles Künstler. Schauspieler. Oder Musiker. Die hätten eine riesige Jam-Session gemacht, falls man das so nennt. Wenn mein neuer Lover mir Ende Dezember ins Ohr geraunt hätte: «Chérie, feierst du den Jahreswechsel mit mir in Frankreich?», dann hätte ich doch nicht sagen können: «Eigentlich gern, weißt du, aber ich habe schon Kathrin am 15. April versprochen, an Silvester mit ihr, zwei weiteren verzweifelten Singles und drei stinklangweiligen Pärchen um einen hell erleuchteten Wohnzimmertisch zu sitzen und ‹Activity› zu spielen.»

Silvester ist die Nacht zum neuen Jahr. Damit verbunden ist immer auch eine Hoffnung, dass etwas Neues, Schönes passiert. Besonders in der Liebe. Gerade weil die Silvesternacht so voller Versprechungen ist, erwartet man natürlich als Single noch mal ganz besonders, dass man endlich diesen sehr, sehr aufregenden Mann kennenlernt. Dass man mit ihm tanzt und sich wahnsinnig toll mit ihm unterhält und ihn dann schließlich, wenn sich alle um zwölf Uhr in den Armen liegen, wild küsst.

Je größer und aufregender die Party, desto besser sind die Chancen dafür. Wenn ich im Frühsommer nun nicht diesen Typen kennenlernen sollte, dann wäre es sogar geradezu grob fahrlässig, sich auf eine Party von Kathrin einzulassen. Kathrin kennt zwar jede Menge Singles, aber die sind alle so wie ich heterosexuelle Frauen.

Mein Problem mit Silvester fing mit Kathrin an bzw. dem Moment, an dem Kathrin beschloss, Silvester in die Hand zu nehmen. Kathrin ist eine großartige Freundin: Sie schmeißt wunderbare Abendessen, hat tolle Ideen für Ausflüge und kennt immer noch ein neues Restaurant, das man ausprobieren kann. Aber bei Silvester versagt sie.

Silvester war über die Jahre ohnehin langsam etwas lästig geworden. In einem Jahr hatte ich Krach mit einem Freund, in einem anderem hatte ich Krach mit einem, der nicht mein Freund sein wollte. Im Jahr darauf versuchten wir wieder, einfach die Stadt von Party zu Party zu erobern, aber eine Party war nur schlechter als die andere. Die Musik wurde langweiliger und leiser, weil sich niemand mehr fand, der heimlich davon träumte, DJ zu sein, und weil langsam kaum mehr DJs zu unserem Bekanntenkreis zählten, sondern immer mehr Anwälte und Unternehmensberater. Die Menschen kamen nicht mehr allein, sondern als Pärchen, die dann nicht tanzen wollten. Die Gastgeber verdienten mehr Geld, deswegen waren ihre Wohnungen größer, man verlief sich schneller, weil auch niemand mehr einfach sieben wildfremde Menschen zu einer Party mitbrachte, es war alles heller, und ständig begleitete mich diese Angst, eine von den neuen Design-Bodenvasen kaputt zu machen, die die Bewohnerin des schönen Heims von ihren Schwiegereltern zu Weihnachten bekommen hatte.

Als Kathrin verkündete, dass jetzt ein Plan hermüsse, dass wir jetzt einfach selber eine Silvesterparty veranstalten würden, da kam uns die Idee ehrlich gesagt entgegen. Denn mittlerweile hatten wir uns an Berlin gewöhnt und waren alle so bequem geworden, dass wir kaum noch den eigenen Bezirk verließen. Da war eine Party im eigenen Wohnzimmer auf einmal gar nicht mehr so unattraktiv, auch weil Anne mittlerweile schon bei fünf Grad plus befürchtet, dass sie eine Blasenentzündung bekommt, und weil Christoph mit seinem Auto aus seiner Garage vor seiner Doppelhaushälfte in Zehlendorf angefahren kommt, weil es bei Kathrin im Hof Parkplätze gibt und weil er später lieber bequem nach Hause kommen will, als vorher richtig zu feiern, und weil wir ohnehin schon lange nicht mehr wussten, wo und ob es überhaupt noch illegale Clubs in Berlin gibt.

Anfang Oktober begann Kathrin mit der Planung. Sie lud uns alle zu einem Google Doodle ein. Man konnte sich eintragen, wer was mitbringen wollte. Nudelsalat zum Beispiel oder Sekt. Anne beschloss, das Doodle zu ignorieren. «Ich bringe nichts zu einer Party mit», erklärte sie. «Ich bin ja nicht bei den Pfadfindern.» Ich hielt zunächst noch zu Kathrin. Wer weiß, vielleicht war es besser, über ein Doodle Sekt zu kriegen als gar keinen. Aber als dann einer von Kathrins Freunden «gute Laune» eintrug und dahinter einen Smiley setzte, kamen auch mir ernsthafte Zweifel. So ein Doodle könnte eventuell so effizient wie ein Türsteher sein, nur dass es ziemlich sicher die falschen Leute durchlassen würde.

Am Morgen des 31. Dezembers waren wir dann schon um neun Uhr bei Kathrin verabredet, um die Wohnung silvestertauglich zu machen. Wir verschoben Möbel, verhängten das helle Sofa mit Tüchern und versteckten die guten Gläser. Kathrin hatte Schutzfolie für die Wände besorgt und Malermaterial für den Parkettboden, und gemeinsam sorgten wir dafür, dass man sich in absolut keinem der Zimmer mehr wohl fühlen würde. Nur das Bad blieb verschont. Als wir endlich fertig waren, hatte ich bereits keine Lust mehr auf die Party.

Gegen acht kamen die ersten Gäste. Viel zu früh. Es waren Arbeitskollegen von Kathrin. Fast alles Pärchen, die offensichtlich keine andere Option für den Abend gehabt hatten, als sich auf dem Filzschutz im Wohnzimmer zu versammeln. Ich übte mich in Konversation. «Und was machst du beruflich?», fragte mich einer, der besonders langweilig aussah. Mir wurde schlagartig klar, dass dieser Abend den Charme einer Tupperparty haben würde. Als Kathrins einziger netter Kollege, auf den ich in puncto knutschen um Mitternacht berechtigte Hoffnungen gesetzt hatte, endlich kam, hatte er überraschenderweise noch seine neue Freundin mitgebracht. Auch als endlich unsere Kernfreunde kamen, wurde es nicht besser. Wir waren alle noch völlig erledigt von den Weihnachtstagen, wir sprachen über nervige Chefs und gute Vorsätze, und ich trank vor lauter Langeweile so viel Sekt, dass mir schon ab halb eins schlecht war. Schließlich legte einer von den lustigen Exilrheinländern auch noch Karnevalsmusik auf. Ich verfluchte Kathrins Plan.

Je unspontaner die Party, desto sicherer: Das wird nichts. Auf einer guten Party müssen sich alle in einer viel zu kleinen Küche durcheinanderdrängeln, das Bier muss ausgehen, sodass eine Delegation zum nächsten Späti geschickt werden muss, und es dürfen nie genug Zigaretten da sein, sodass am Ende alle die Roth Händle rauchen, die mal ein Handwerker des Vormieters vergessen hat. Es muss so dunkel sein, dass man gar nicht mitbekommt, was neben einem geschieht. Die Musik muss so laut sein, dass man sich ganz nah aneinanderdrängeln muss und sich gegenseitig ins Ohr schreit, sodass man gar nicht anders kann, als zu tanzen, und dass so langweilige Gesprächsrunden über Jobs und Zukunft erst gar nicht aufkommen können. Vor allem muss man aber früh mit der Musik anfangen. Wenn es sich alle erst mal auf Stühlen oder Sofas bequem gemacht haben, dann ist die Party schon verloren.

Am Morgen nach dem ersten wirklich sehr schlimmen Silvester bei Kathrin wurde mir klar, dass es ein grundsätzliches Problem gibt. Als ich ein Kind war, habe ich mir immer Weihnachten herbeigesehnt. Das war ein Fest voller Wunder und Geheimnisse. Die Eltern verstauten große Gegenstände auf dem Dachboden und legten weiße Betttücher darüber, und wenn man ganz leise auf Zehenspitzen nach oben ging, sodass es keiner merkte, dann konnte man für ein paar herrliche unentdeckte Minuten dastehen und diese verhüllten Berge betrachten und phantasieren, welche Schätze sich darunter verbargen. Schon Tage vor dem Fest verwandelte sich das Wohnzimmer ins Weihnachtszimmer, das nur von den Eltern betreten werden durfte. Vor der Glastür zur Diele hatte meine Mutter als Sichtschutz weitere Betttücher gehängt. Das ganze Haus war im Ausnahmezustand. Manchmal sah man durch das Tuch drinnen das Licht brennen. Dann sagte meine Mutter, das ist vielleicht schon das Christkind.

Das Problem mit Silvester ist, dass es heute das ist, was früher Weihnachten war. Der Übergang war fließend. Irgendwann war die Kindheit zu Ende. Aber seit ich ohne Schnappatmung das Weihnachtszimmer betreten konnte, wurde für mich Weihnachten das «schwierige» Fest. Das fing schon mit den Klamotten an: Meine Tante, die sich selber exquisit kleidete, hatte die unschöne Angewohnheit, mir irgendwelche textilen Scheußlichkeiten zu schenken, die ich dann unterm Christbaum tragen musste. So saß ich in rosa Mohair-Pullovern mit Schulterpolstern oder in Leinenblusen mit Puffärmeln da wie eine Schießbudenfigur, während meine Cousins und Cousinen, deren Mutter weniger wert auf den Familienfrieden legten, sich in angesagten Markenklamotten präsentieren durften. Dieselben Cousins und Cousinen trafen sich übrigens kurz nach der Bescherung mit weiteren Markenklamotten mit ihren Freunden im City Center von Krefeld. Ich hingegen blieb brav bei der Krippe, wie meine Mutter es befahl, sang mit meiner alleinstehenden Tante noch ein paar Weihnachtslieder und aß die vertrockneten Kekse der zweiten Frau meines Onkels. In dem Aufzug hätte ich ja ohnehin nirgends hingehen können. 13 Jahre alt zu sein war schlimm genug, es musste nicht durch rosa Mohair unterstrichen werden.

Mit der Zeit übernahm Silvester die Rolle, die Weihnachten einst hatte. Da gab es die ersten Partys, wenn auch noch mit den Eltern, man durfte zündeln und Feuerwerkskörper abschießen, und meine Eltern hatten Freunde, die Söhne hatten, für die man als 13-Jährige schwärmen konnte und die einem zeigten, wie man Böller möglichst riskant vom Balkon wirft. Man sah zu, wie die Erwachsenen immer betrunkener und peinlicher wurden, und durfte aufbleiben, bis man umfiel. Silvester war eine Vorschau darauf, wie es einmal sein würde, wenn man erwachsen wäre.

Niemals hätte ich mir damals vorstellen können, dass eines Tages Silvester das «schwierige» Fest werden könnte. Dass es so fade werden könnte, dass ich mir Weihnachten in Wolle zurückwünschte.

Eine ganz kurze Zeit gab es sogar Gleichstand. So zwischen zwanzig und dreißig. Da war Weihnachten mit Familie genauso schön wie Silvester mit Freunden. Da war die letzte Party des Jahres genauso, wie ich sie unterm Christbaum erträumt hatte: Ich trug schräge Kleider, tanzte viel, und gegen zwölf Uhr nachts fand sich immer jemand, den man auf dem Balkon küssen konnte, während um einen herum die Welt im Glitzer explodierte.

Aber jetzt?

Das Problem mit Silvester ist der absolute Wunsch, dass es unbedingt wild sein muss. Aber je älter man wird, desto mehr Themen hat man, die einen beschäftigen. Dinge, die einem mit 14 oder 21 total Wurst sind. Mit 21 kann sich ja nach Silvester tatsächlich alles ändern. Mit 31 ist man da deutlich festgefahrener. Und erst mit Ende 30. Da ist schon so viel klar, was vorher noch eine Frage war. Welche Karriere man macht, wie man lebt, mit wem, wie man liebt. Da nimmt man die Sachen aus dem alten Jahr mit ins neue Jahr, und die Party dazwischen ist eben auch nichts. Anders als ein Abend, an dem sich halt nur gegen zwölf alle einmal in den Armen liegen.

Aber eigentlich gibt man die Hoffnung nie auf, dass alles noch mal ganz anders sein kann. Je weniger wild unsere Silvester mit den Jahren wurden, desto mehr gierten wir danach, endlich wieder eine wilde Party zu feiern. Und je höher unsere Erwartungen waren, desto verspannter fühlte sich unser Feiern an und umso größer unsere Enttäuschung. Jahr für Jahr.

Das Problem mit Silvester ist: Die Feste am Ende des Jahres sind wie eine Bühne. Von Januar bis November ist man relativ frei. Wer mal seinen Geburtstag nicht feiert oder in einem Jahr verweigert, in den Sommerurlaub zu fahren, der kann sich mit guten Ausreden davonschleichen. Zu viel Arbeit, letztes Jahr schon eine Riesenparty, wir wollten mal Zeit für die Datsche haben … solche Erklärungen werden gemeinhin von der Gesellschaft um einen herum akzeptiert. Aber Weihnachten und Silvester ist man gezwungen, ganz besonders zu begehen. Da zeigt sich dann, ob man in der Lage ist, irgendeine Form von Familie zusammenzukriegen, auch wenn die aus guten Freunden bestehen darf. Wie feierst du? Das wird man wieder und wieder gefragt, und je nachdem, wie die Antwort ausfällt, bilden die Menschen sich ihr Urteil über dich. Bist du der beliebte Typ, der zahllose beste Freunde um sich schart? Oder der luxuriöse, der ins Chalet von Freunden nach Kitzbühel geladen wird? Oder der tiefgründige, der am Ende sich ganz alleine mit einem guten Buch und einer Flasche Rotwein ins neue Jahr denkt? Veranstaltest du einen Ball (adelig) oder eine Party, auf der du am Ende die Hälfte noch nie gesehen hast

(Berlin), oder ein Essen mit netten Freunden (über 40). Man selbst beurteilt sich ja Jahr für Jahr danach, ob man es schafft, ebendiese besonderen Feste zum Jahreswechsel gelungen zu feiern.

Das Problem mit Silvester ist auch, dass es verkehrt liegt – man müsste die Daten mit Weihnachten tauschen. Nicht erst das Fest der Familie und dann das der Freunde, nicht erst die Besinnlichkeit und dann die Party, sondern eben genau andersrum. Dann kann man sich Weihnachten von Silvester ausruhen. Das wäre auch für mein Aussehen besser: Irgendwann hat H&M beschlossen, dass Silvester aufgerüscht werden muss, und seitdem tanze ich Jahr für Jahr ins neue Jahr in kleinen, billigen Glitzerkleidchen. Der Höhepunkt war das schwarze, hautenge Paillettenkleid, das ich mir im vorigen Jahr gekauft hatte. Das hatte vor den Weihnachtsgelagen meinen flachen Bauch und die leichte Kurve meiner Hüften betont. Nach mehreren Ladungen Bouletten mit Kartoffelsalat an mehreren aufeinanderfolgenden Tagen aber betonte es, dass mein Bauch über die Festtage zu einem deutlichen Hubbel und dass die Hüfte ein Hügel geworden war. Der Abstand zwischen Silvester und Weihnachten ist einfach zu kurz. Man sollte die Feste umdrehen. Erst die Party, wenn man noch die Figur dafür hat, dann das besinnliche Befuttern.

Man kann sich, sollte die Figur mutiert sein, an Silvester auch nicht zu einem Spontankauf hinreißen lassen. Denn die Geschäfte haben ja meist nur bis Mittag auf. Und die Leute kaufen ein wie die Irren. So als sei es nicht der letzte Tag des Jahres, sondern der letzte Tag des Kapitalismus, und im neuen Jahr würde alles nur noch nach dem Sharing-Modell laufen, der Kommunismus im Antlitz der Start-ups. Nie wieder würde es Würstchen oder Paillettenkleider auf dem freien Markt geben.

Noch so ein Problem mit Silvester. Eine Beziehung, die sich im Laufe des Jahres vielleicht noch so locker angebahnt hatte, war mit dem beginnenden neuen Jahr auf die Probe gestellt. Würde man die Liebe oder was es auch war, mit rüberretten, oder würde man neu suchen? Ich war mal auf einer Party mit fünf Pärchen, die alle fünf am nächsten Tag getrennt waren.

Das Problem mit Silvester sind die guten Vorsätze. Die irrwitzige Hoffnung, dass ich ja im jeden neuen Jahr ein ganz neuer Mensch werde. Einer, der irre erfolgreich ist und viel Geld verdient und immer zum Yoga geht und nie zu viel trinkt. Ein Flexitarier und Wechseljuicer. Aber wie kann ich so ein ganz anderer, viel besserer, gesünderer und zufriedener Zen-Mensch werden, wenn ich mich auf einer lahmen Party ins neue Jahr saufe?

Das Problem an Silvester ist, dass es, seien wir ehrlich, die schlimmste Party des Jahres ist. Und dass ich das einfach nicht einsehen will. Dass ich immer wieder neue Cocktailkleidchen kaufe und mich zu Partys verpflichte, die zum Scheitern verurteilt sind, und weil ich, noch schlimmer als die mieseste, lausigste, fadeste Party, den gemütlichen, durchschnittlichen Pärchenabend mit Fondue und Zwiebelchen finde, den die meisten meiner Altersgruppe mittlerweile einer Silvesterparty vorziehen.

Wie kommst du jetzt bitte auf Silvester?, frage ich an dem Tag am See, nachdem eine längere Pause eingetreten war.

«Keine Ahnung», sagt Kathrin. «Aber ich will mit euch feiern. Das wird unser Jahr.»

Und weil der Sommer gerade anfängt und der Tag so schön ist, sage ich: «In Ordnung. Das wird unser Jahr.»

Das Problem an Silvester ist, dass ich die Hoffnung daran einfach nicht aufgeben will. Und Kathrin auch nicht. Aber das ist auch das Schöne daran.

Jessica Wagener

✦ - ✦
Wer braucht schon Zimt
und Nelken?

Ich bin allein, der ganze Platz ist leer. Als bisher einziger Gast sitze ich auf den restsonnenheißen Stufen. Nur die Frau mit Riesenbrille und ihr halberwachsener Sohn stehen bewegungslos schweißtriefend unter der Palme neben der Kühlbox, aus der sie später Dosenbier verscheuern werden. Es ist schon abends, aber die Luft ist immer noch ein heiß-nasses Handtuch. Und ich bin viel zu früh. Neuerdings bekomme ich ständig Zeiten durcheinander, als wäre ich so tüdelig wie mein Opa. Davon abgesehen, dass ich erst vor wenigen Stunden in Rio de Janeiro gelandet bin und mich noch nicht wieder an das brasilianische Prinzip, in dem Uhrzeiten bloß unverbindliche Empfehlungen sind, angepasst habe. Ich halte mich an dem weißen Plastikbecher mit eiskaltem Bier fest und schließe die Augen. Doch dann wollen die Gedanken zurückkommen, und das muss ich unbedingt verhindern.

Mein Blick gleitet also stattdessen über die Praçinha, das Plätzchen, am Fuße «meiner» Favela Vidigal. Direkt hinter dem Ende der Strandstreifen von Ipanema und Leblon schmiegen sich bunte Schachtelhäuschen wie ausgekipptes

Spielzeug an den Hang der verschlungenen beiden Berge mit dem passenden Namen «Zwei Brüder». Vidigal ist eher ein unordentliches Dorf als eines der typischen Elendsviertel, die wir aus den Fernsehnachrichten zu kennen glauben. Und der kleine Platz hier ist das Herz der Gemeinschaft, der pulsierende Eingang. Hier, an dem amphitheaterähnlichen Rondell mit flacher Bühne, versammeln und begegnen sich die Einwohner Vidigals. Vorwiegend, um Musik zu machen, zu feiern und zu tanzen. Hier klettern sie aus dem Bus, wenn sie von ihren Jobs in Rios wohlhabender Zona Sul oder im Geschäftsviertel Centro zurückkommen. Und ja, sie müssen wirklich klettern, weil kein Busfahrer je an der Fußwegkante hält und die Ein- und Ausstiege sehr hoch und eng sind. Jedenfalls werden hier unten immer freitags frischer Zuckerrohrsaft und frittierte Teilchen verkauft – Fett mit Fett in Fett! Äußerst köstlich und garantiert nährstofffrei. Von Gluten-, Histamin-, Laktoseunverträglichkeit und allgemeinem Nahrungsmittelmimimi als Distinktionsmerkmal hat man hier entweder noch nichts gehört oder pfeift schlicht drauf. Es ist gefühlt ein bisschen so wie in meiner Kindheit in den 1980ern. Ich kehre jedes Jahr hierher zurück, wenn in der nördlichen Hemisphäre der Eismatsch regiert. Ich kann nicht anders, ich brauche die Sonne und den Abstand zu … einfach allem. Hier in Vidigal fühle ich mich alljährlich für einige Wochen zu Hause. Aber heute ist das anders, ein Teil von mir ist noch in Deutschland. Bei Oma und Opa und dem, was kurz zuvor an Weihnachten passiert ist.

Mein Großvater hat Parkinson und eine leichte Form der Demenz, er ist weitgehend bettlägerig und muss seit eineinhalb Jahren im Pflegeheim leben. Es ging zu Hause einfach nicht mehr, weder für ihn noch für meine Oma. Im November ist dann auch meine herzkranke und ebenfalls pflegebedürftige Großmutter zu ihm gezogen. Allerdings ins Nebenzimmer. «Bloß nicht mit Opa in einen Raum, das hält ja keiner aus! Ich muss die Tür zumachen können», hatte Oma gesagt. Und zwar zu Recht. Wir lieben unseren Opi, aber er kann einem den letzten Nerv rauben. Das war schon vor der Sache mit der Demenz so und ist seitdem noch schlimmer geworden. Unlängst haben wir also die kleine Hamburger Mietwohnung, in der Oma und Opa seit 1956 gelebt, geliebt, gefeiert, Kinder und Enkelkinder großgezogen haben, aufgelöst und gegen die zwei gleich eingerichteten Räume in einem dieser «Domizile» getauscht. Wir haben all die kleinen und großen Dinge verkauft und weggeschmissen. Die einzig übriggebliebene Konstante in meiner Welt – den Ursprung und Fluchtpunkt, an dem das Leben begann und bei Kakao immer kurz ein Stückchen besser wurde – einfach abgewickelt. Unser Zuhause mut- und bereitwillig aufgegeben. Kurz: Wir hinterließen die Geschichte von drei Generationen ordnungsgemäß besenrein. Und statt uns an Heiligabend bei Omas Kartoffelsalat im Wohnzimmer unter einer viel zu krummen, viel zu bunt geschmückten Douglastanne bis aufs Blut zu zoffen oder uns passiv-aggressiv altes Salz in unverheilte Wunden zu kippen – wie es sich für eine ordentliche dysfunktionale Familie eigentlich gehört –, trafen sich die Reste von uns im Pflegeheim bei Smalltalk und gekauften Schnittchen auf fremdem Geschirr. Und dann war da wie gesagt noch diese Sache mit Opa.

Mit einem Schluck schütte ich mein mittlerweile luftwarmes Bier hinunter. Ich will nicht mehr daran denken, nicht an Krankheit und Schmerz, an Weihnachten und Familie, an gar nichts davon. Mein Herz verweigert die Mitarbeit, muss so was wie Materialermüdung sein. Darum bin ich unmittelbar nach Heiligabend abgehauen und hierhergeflogen: Ich brauche überlebensdringend Kraft und Wärme. Freiheit. Fett. Frieden. Mich. Und zwar zur Abwechslung pur ohne das Gewirr aus Verantwortung, Familiendrama und Verpflichtung. Aber so, das spüre ich, wird es nichts. Mein schlechtes Gewissen sitzt atemnah neben mir und legt seinen steinernen Arm um meine Schultern, zieht mich zu sich und quetscht mir die Luft ab. Es ist jedes Jahr im Januar oder Februar ein bisschen dabei, wenn ich hier bin. Aber diesmal drückt es so fest wie noch nie. Einfach so Weihnachts- und Silvesterurlaub machen, hm? Haha. Nein.

Die Sonne plumpst hinter den wachsenden Wolken ins Meer, und allmählich füllen sich die halbrunden Sitzreihen. Das satte Licht der Straßenlaternen glänzt auf den türkisfarbenen Kacheln schräg hinter mir. «O caminho do direitos humanos» steht da – der Weg der Menschenrechte. Und immer mehr Menschen in Shorts und Flip-Flops tröpfeln die schmale, kurvige Asphaltstraße des Hangs hinunter und münden in der Praçinha. Die ganze Gemeinde kommt zusammen, erzählt sich Alltägliches, lacht, trinkt, umarmt sich. Ich bin bislang die einzige Gringa hier. Ein gesenkter Blick auf zwei winterweiße Beine und unlackierte Fußnägel. Skandalös! «Das geht so nicht, da müssen wir ganz schnell was machen. Ab an den Strand mit dir! Du siehst ja aus wie ein Gespenst.» – «Und deine *Füße*! So kannst du doch nicht rumlaufen!», haben Fernanda und Victoria, die beiden Schwestern aus meiner herzgewählten brasilianischen Zweitfamilie, direkt nach meiner Ankunft heute Morgen lachend bekundet. Doch mein Grinsen erlischt gleich wieder. Heute Abend bin ich ohne sie den Berg hinuntergegangen, inmitten all dieser Leute bin ich freiwillig allein. Über mir flattert im aufkommenden Abendwind eine silberne Weihnachtsgirlande, halb zerfetzt. Sie wirkt im sommerlichen Rio de Janeiro gleichermaßen vertraut und fremd. Weihnachten und Silvester bei fast 40 Grad – das ist ja aber auch gewöhnungsbedürftig.

Shirtlose Männer bauen rechts und links neben der flachen Stufe, die am Kopf des Platzes den Bühnenrand darstellt, zwei beeindruckend große Boxen auf und sondern dabei konstant noch beeindruckendere Mengen Schweiß ab. Ein Pärchen positioniert ein Stück rechts daneben sorgfältig Obst (frisch und Dose), Becher, diverse Sorten Wodka- und Cachaça-Flaschen auf einem Plastiktisch. Mehr ist nicht nötig für die Essenz von Bar. Die bebrillte Frau und ihr schlaksiger Sohn verkaufen unterdessen arbeitsteilig die ersten Biere: Er wühlt die Dosen aus dem Eis, sie zählt das Geld. Jeder, der kann, eröffnet hier für eine Nacht ein Geschäft. Denn heute Abend spielt die Bateria, die favelaeigene Perkussionsband, hier auf der Praçinha, und es wird sehr wahrscheinlich sehr voll. Also, nicht nur der Platz, auch die Menschen. Denn immerhin befinden wir uns zwischen den Jahren hier in Brasilien nicht in dieser trübträgen Nichtzeit wie in Deutschland, sondern im Hochsommer und zudem in der Vorphase des Karnevals. Heiße statt stille Nacht – genau das, was ich jetzt brauche.

Keine drei Meter neben mir trudeln die ersten Trommler

der Band ein. Sie verteilen sich wie immer auf die linke halbrunde Hälfte der Sitzreihen und bereiten ihre Instrumente vor. Mir ist heute nicht nach Tanzen, beschließe ich. Nicht nur weil jede Bewegung bei der Hitze einen eskalierenden Schweißausbruch nach sich zieht. Ich will nicht mal reden. Nicht nur weil ich kaum Portugiesisch spreche. Ich will einfach nur dasitzen, einfach nur hier sein, als Beobachterin. Diese Rolle tut gut, sie verlangt nichts von mir. Sie geht mir nicht auf die Nerven. Am liebsten wäre ich sogar unsichtbar. Aber das gelingt nur meinen blassen Beinen über dem hellen Beton. Der Mann links von mir, mit den freundlichen Augen unter dem Bandana, hält eine kleine Trommel in der Armbeuge und kitzelt sie liebevoll. In der Bateria sind deutlich mehr Musiker als noch vergangenes Jahr, sie haben inzwischen sogar einen richtigen Mestre – eine Art Dirigenten. Sein grimmiger Blick zwischen buschigen Brauen und borstigem Bart signalisiert enthusiastischen Ernst oder ernstzunehmenden Enthusiasmus, so ganz genau erkennt man das nicht. Ein Mann mittleren Alters, mit beinahe ebenso opulentem Schnauzer, schleppt einen gigantischen Sack voll Eis auf seinen Schultern die Biegung hinunter. Ich meine fast hören zu können, wie er schnauft. Schweiß strömt in seine Augen. Plötzlich strauchelt er, er muss über einen der rumfliegenden Plastikbecher gestolpert sein. Erst fällt der Sack, dann fällt er. Die Millisekunden dehnen sich wie vermeintlich auch die Bänder seiner Fußgelenke; in Zeitlupe sehe ich, wie seine Beine einknicken, sein Gesichtsausdruck erstarrt, sein Oberkörper sich in unnatürlichem Winkel Richtung Boden neigt … Und mit voller Wucht kommt die Erinnerung an Heiligabend zurück.

Ich hatte wieder die Zeiten durcheinanderbekommen und war zu früh im Pflegeheim. Ein dezenter Pipigeruch wabert vom Katheterbeutel aus durch den Raum, wie immer. Opa musste auf den Toilettenstuhl, zum vierten Mal in Folge. Bisher jedes Mal vergeblich, berichtete Oma. «Da kommt doch eh wieder nur ein Pups raus», schimpfte sie. Doch woher sollte man das vorher wissen? Fünfzehn Minuten nach seinem Klingeln war noch immer keine Pflegekraft in Sicht, um Opa beim Aufstehen, bei der Vierteldrehung und beim Hinsetzen zu stützen – Heiligabend im Heim. «Ich muss groß. Kann die Oma mir nicht eben helfen?», fragte er gewohnt schroff, und es klang überhaupt nicht wie eine Frage. «Nein, Opi. Sie ist selber krank und schwach, und das weißt du auch ganz genau», herrschte ich ihn an. Aber wusste er das wirklich, oder verheimlichte es ihm seine Demenz? Ich war so müde, so randvoll mit Erschöpfung, mein Kopf steckte bis zu den Schultern in einem geistig-emotionalen Wollknäuel. Doch Opa hörte einfach nicht auf zu motzen, zu grummeln und zu nörgeln. Also machte ich einen Fehler. Wäre ich nicht so abgekämpft, nicht so leer gewesen – ich hätte mit Leichtigkeit genug Langmut und Geduld aufbringen und ihn beruhigen oder Ablenkungs-schokolade in den zahnlosen Mund schieben können. Aber so … «Herrje! Dann helfe ich dir eben kurz», sagte ich und schubste den Rolltisch beiseite. Ich setzte meinen zittrigen Opa im Bett auf und packte ihn unter den Ärmchen. Aufstehen ging irgendwie, was mich überraschte und in trüge-rischer Sicherheit wog. Denn als ich mich mit ihm das kleine Stück vom Bett zum Toilettenstuhl drehen wollte, verlor ich das Gleichgewicht. Ich weiß nicht mehr, wie und warum. Ich spürte nur, wie die Schwerkraft nach uns griff und wir kippten. Im letzten Moment konnte ich Opa einen Stoß geben, nicht viel mehr als ein Impuls. Doch dadurch fiel er zurück auf sein Bett und nicht mit mir. Ich hingegen knallte mit einem Rums mitten in den – glücklicherweise leeren – Toilettenstuhl daneben und von dort aus mit dem Hintern aufs Linoleum. Opa lag in seinem Bett halb auf der Seite, das T-Shirt hochgeschoben, die Windel verrutscht, und pöbelte aufgebracht Unverständliches. Oma eilte von nebenan schnellschleichend ins Zimmer und regte sich ebenfalls furchtbar auf. Ich hockte unterdessen mit brennender Hüfte auf dem Boden und erstickte fast an Wut – auf mich, auf ihn, auf diese ganze verdammte Ungerechtigkeit, auf alles. Und auch an Schuld. Was, wenn mein zerbrechlicher Opa mit mir gestürzt wäre? Was zur Hölle hätte dann passieren können? Wirklich jeder weiß doch, was man über alte Menschen und Oberschenkelhalsbrüche sagt.

Ein paar Menschen eilen dem gestolperten Eisträger zu Hilfe, er rappelt sich auf und hat sich offenbar nicht weh getan. Alle lachen gemeinsam, jemand klopft ihm auf die Schulter. Es ist verdammt noch mal Zeit für einen richtigen Drink, befinde ich, stehe auf und hole mir an der improvisierten Bar eine große Caipirinha mit Erdbeeren. Und extra viel Cachaça. Aber hey, frisches Obst ist gesund!

Kaum sitze ich wieder, legt die inzwischen wohl weitgehend vollzählige Bateria los. Und augenblicklich richten sich die ziemlich zahlreichen Härchen an meinen Armen auf. Vor ein paar Jahren war es bloß eine Handvoll Freunde, Nachbarn und Familienmitglieder aus der Straße meines Lieblings-Hostels. Unweit neben mir schlägt der Mann mit der gewaltigen Trommel so vehement auf sein Instrument, dass sein geschlossener Kiefer im Takt zittert. Der Mestre fuchtelt unaufhörlich ruckend mit den Armen und raucht deshalb ohne Hände. Die Glut der Zigarette in seinem Mundwinkel hüpft synchron mit dem Beat durch seinen voluminösen Bart. Er macht seine Sache augen- und ohrenscheinlich sehr ordentlich und geht trotz Gesichtsbehaarung faszinierenderweise nicht in Flammen auf. Die Band gleitet immer tiefer in ihren Rhythmus, spielt präzise, hochkonzentriert. Keiner lacht, alle schwitzen. Sie sind so gut geworden, denke ich ein bisschen stolz und lausche. Dem hellen Plattern der Tamburine. Dem klirrenden Rasseln des metallenen Shakers. Dem dumpfen Grummeln der bauchigen Trommeln, das den Textzettel in meiner Hand zum Beben bringt und meinem Herzen seinen Rhythmus aufzwingt. Unten in der Mitte des Rondells tanzt ein Paar, König und Königin der Sambaschule von Vidigal. Die beiden gab es vergangenes Jahr auch noch nicht. Sein dunkelbraunes Jackett ist zwei Nummern zu groß und seine Hose eine Handbreit zu kurz. Dafür sind seine kastanienbraunen Schuhe spiegelblank poliert und sein ebenso blanker Kopf hocherhoben. Sie trägt ein Kleid aus reinem Glitzer und eine kleine Krone und strahlt ohne Unterlass. Zusammen halten beide eine Fahne fest und wirbeln frenetisch im Kreis. Allein dafür verdienen sie meinen tiefsten Respekt, mir würde davon spätestens nach 30 Sekunden übel. Momente später ist die ganze Fläche voller Menschen, alle singen und tanzen Samba, auch die Kinder. Von hinten sorgt das flackernde Blaulicht des sicherheitshalber dauerhaft am Eingang der Favela geparkten Polizeiautos für unfreiwillige Discobeleuchtung. Die beiden Polizisten mit den großen Maschinengewehren und schusssicheren Westen stehen missmutig gelangweilt neben ihrem Wagen – sie werden heute Nacht vermutlich bloß ein paar alkoholinduzierte Auseinandersetzungen schlichten müssen. Ich schätze, sie würden stattdessen wohl lieber selbst feiern. «Tja – Augen auf bei der Berufswahl», denke ich und nippe an meiner Caipi. Die Stimme des Sängers dröhnt komplett übersteuert aus den großen Boxen. Langsam füllt sich die Luft mit Wasserstaub. Es wird bald regnen.

Auf einmal legt jemand seine Hand auf meine Schulter. Ich reiße den Kopf herum – schräg hinter mir stehen Victoria, ihre Mutter Tania und Nathalia, ihre beste Freundin. «Jess, was sitzt du denn hier so allein rum und guckst traurig? Das steht dir gar nicht. Komm, steh auf und feiere mit uns. Du bist schließlich in Rio!» Wir reden Englisch miteinander, seit Jahren.

«Lass mal, Vic. Ich bin noch müde vom Flug.»

«Ach, komm – das ist doch nur eine lahme Ausrede!»

Victoria legt den Kopf schräg und streckt ihre Hand in meine Richtung. Ich spüre den Steinarm des Gewissens auf der anderen Schulter. Hier sitzen bleiben, beobachten und in Ruhe brüten – oder aufstehen, mitgehen und irgendwie ankommen? Mit einem tiefen, beherzten Atemzug schüttle ich das Gewicht ab und höre mich sagen: «Jaja. So jung und schon so oberschlau!» Ich stehe auf, meine Wirbelsäule knirscht kurz, und wir vier zwängen uns durch die Sitzreihen, auf denen mittlerweile auch getanzt wird, hinunter Richtung Tanzfläche. Unten stehen Fernanda, ihr Mann Bruno und seine Eltern sowie Victorias und Fernandas Vater Antônio. Ich umarme und küsse alle auf die Schwitzwangen, Bier schwappt aus Plastikbechern auf meine beflipflopten Füße. «Wie schön, dass du wieder hier bist!», höre ich mindestens zehnmal. Ein ganzes Jahr ist es her, schon wieder. Wo ist das nur hin? Von oben platscht ein Tropfen in den letzten Schluck meiner Caipirinha. Ich rede mir ein, jemand hier habe lediglich eine extrem feuchte Aussprache, und erwäge, ob ich den Rest jetzt noch trinken sollte oder lieber nicht. Ich weigere mich einfach, die unangenehme Wahrheit zu akzeptieren – Regen. Doch schon Sekunden später vermag selbst die größte Sturheit nichts mehr zu beschönigen: Es schüttet. Und wie alles in Rio de Janeiro ist auch der Regen hier nicht zart und zurückhaltend, sondern intensiv und mitreißend – im wahrsten Sinne des Wortes. Doch die Band spielt weiter, und auch die Tanzenden hüpfen unbeirrt im Takt durch knöcheltiefe Regenbierpfützen. Und dann beschließt mein materialmüdes Herz, es doch mal wieder zu versuchen.

Wie jedes Jahr besteht Bruno darauf, mir Samba beizubringen. Wie jedes Jahr scheitert er. Wie jedes Jahr ist das egal. «Warum tust du mir und dir und allen Zuschauern das an, Bruno?», sage ich und kichere. Und er antwortet ernst: «Weil wir Freunde sind.» Sein Schwiegervater Antônio hingegen unterhält die Umstehenden mit seinen sorgsam einstudierten Lieblings-Tanzbewegungen – zwei Finger anlecken und damit langsam vom Knöchel aus das gesamte Bein entlangfahren ist dabei noch die harmloseste. Ich kann nicht anders, ich muss laut lachen. Und vielleicht ist insgesamt doch grad alles fast okay.

So plötzlich, wie er kam, hört der Regen irgendwann auch

einfach wieder auf. Alles an mir klebt vor lauter Schweiß und Wasser und vermutlich auch brasilianischem Bier. Ich bin hier, wirklich hier. Endlich. Jemand legt seinen Arm um mich, und ich spüre ihn kaum und trotzdem sehr deutlich. «Alles okay bei dir, Jess? Hast du eine gute Zeit?», fragt Nathalia. Ich nicke, verharre im Moment. Sie gibt mir einen Kuss auf die Wange. «Schön, dass du hier bist.» Ja, das finde ich auch. «Aber du bist echt noch ziemlich blass.»

Ich schließe die Augen, Ohren und Herz bleiben weit geöffnet. Außen wummern die Trommeln, innen ist alles still. Es riecht nach Frittierfett und Billigdeo, nach salziger Luft, Meer und schwerer Nässe, nach Bier, Erdbeeren und Maracuja, ein bisschen nach Benzin und Feuer und Schweiß und merkwürdigerweise auch nach Melonenkaugummi. Ich lächle, und diesmal bleibt es. Meine Liebe, denke ich. So riecht meine Liebe. So riechen mein Glück, meine Freiheit und mein Frieden.

Und so, ganz genau so – nicht nach Zimt, Anis, Nelken oder Pipi – riecht mein Weihnachten.

Edgar Wilkening

Das Wunder von
St. Pauli

Und was soll das werden, wenn's mal fertig ist?» Anjas
Stimme vom Balkon nebenan kam ebenso schneidend
wie höhnisch rüber. Dabei ist Anja eigentlich meine Lieb-
lingsnachbarin.

«Nach was sieht's denn aus?» Ich zurrte den Kabelbinder
fest, den ich um die Geländerbrüstung gelegt hatte, und
zuppelte einen weiteren aus der Hosentasche.

«Nach akutem Geschmacksdelirium sieht das aus», grins-
te Anja. «Als ob du nominiert werden willst für den Award
‹Peinlichste Außendekoration des Jahres›.»

Irgendwie schien meine Nachbarin nicht recht begeistert
zu sein von dem, was ich tat. Ich hatte das schon geahnt.
Anja ist schließlich Designerin. Unterrichtet an der Aka-
demie für Graphik und angewandte Gestaltung. Da ist jedes
Möbelstück auf ihrem Balkon eine Stil-Ikone, jeder Blu-
mentopf ein Statement.

Ich ließ den Kabelbinder sinken, trat einen Schritt zurück
vom Balkongitter und musterte mein Werk.

Ich war zufrieden. Alles nach Plan. Trotzdem setzte ich
natürlich mein schuldbewusstes Kummerfaltengesicht auf.

«Verstehe, was du meinst, Anja», gab ich zerknirscht zu. «Es sieht jetzt schon furchtbar aus, oder?»

Anja nickte. «Du hast doch sonst so guten Geschmack, Edgar. Wie kommst du bloß auf so was Absurdes?»

«Es ist nur, weil – übermorgen ist doch erster Advent. Da dachte ich, na ja, man kann das schon mal machen, oder? Weihnachtsbeleuchtung anbringen.»

Anja starrte mich fassungslos an. «Aber – das haben wir hier noch nie gemacht.»

«Stimmt. Du hast natürlich vollkommen recht», gab ich kleinlaut zurück.

Und in der Tat: Weihnachtsbeleuchtung, das hatten wir hier tatsächlich noch nie gemacht. Wobei wir, wohlgemerkt – das waren nicht nur meine Nachbarin Anja und ich, sondern wir hier im Bezirk. Die gesamte Nachbarschaft. Mitten auf St. Pauli. In unserem kleinen Quartier, wo zwei, drei Dutzend Gründerzeitbauten ein abgeschirmtes, parkähnliches Areal umschlossen. Ein Kleinod in der Großstadt. Mit Bäumen, Bänken, Beeten. Sogar einen Teich mit Fischen gab es.

Aber was es hier in all den vielen Jahren noch nie gegeben hatte, war weihnachtlicher Lichterglanz, der bis in die besinnliche Zeit zwischen den Jahren das Areal durchflimmerte. Niemals hatte hier ein putziges Drahtgitter-Rentier seine rot glimmende LED-Nase in die Winterluft gestreckt. Weit und breit noch nie funkelnde Christbäume, die sich von feierlich geschmückten Balkonen in den Himmel reckten. Keine polyestergefüllten Weihnachtsmänner, die sich formvollendet vom Dach zu seilen schienen. Nein, mochte der Rest des Landes auch in Kitsch und Kommerz versinken, unser Quartier war davor gefeit. Eine Enklave des guten Geschmacks. Und wenn es nach Anja ging, sollte das auch so bleiben.

Schließlich zählten auf St. Pauli nicht Glitzer und Glamour. Bei uns ging es noch um wahre menschliche Werte. Freiheit. Aufrichtigkeit. Solidarität. Zusammenstehen. You'll never walk alone. Mehr Schein als Sein? War hier verpönt. Und bei allem Freiheitsdrang, der in diesem Stadtteil herrschte, gab es doch die unausgesprochene Übereinkunft aller, dass die Freiheit des Einzelnen genau dort endet, wo er für andere sichtbar Weihnachtsbeleuchtung installiert.

Einzig dort drüben, zweiter Stock, im Fenster von Gitte, glimmte ein einsamer Schwibbogen. Der wurde aber geduldet. Immerhin war Gitte schon weit über siebzig und eine Institution im Quartier. Großes Herz. Jeder kannte sie. Immer ein offenes Ohr, immer fidel, immer «Kopf hoch, Junge». Hatte Ewigkeiten eine eigene Kneipe, echte Hafenspelunke, nahe der Reeperbahn, und stand noch bis letzten Sommer jeden Tag selbst hinter der Theke. Ein bisschen sentimentalen Firlefanz ließ man ihr da durchgehen. Und außerdem auch ein altes Familienerbstück, den Schwibbogen. Nicht so ein China-Schund. Da konnte man ja wohl nichts gegen sagen. Doch wenn sich jetzt plötzlich irgendjemand hier aufschwang und mit simplen Kabelbindern üppige Lichternetze an seinem Balkon befestigte – mir war klar, das musste wie ein Affront wirken.

Ich steckte testweise den Trafo in die Außensteckdose. Schlagartig begannen Hunderte kleiner Dioden in aberwitzigem Rhythmus zu blinken.

Anja zuckte zusammen. «Himmel, was ist das?», kreischte sie. «Schlimmer als jede Kirmesbude!»

«'tschuldigung», murmelte ich. Und drückte den Bedienknopf so lange, bis ich alle zweiunddreißig Blinkmodi der Steuereinheit durchgeschaltet hatte und die Birnen endlich ruhig und konstant vor sich hin glimmten.

«Edgar, das Ding muss weg!» Anja war kurz vor Schnappatmung. «Das Ding muss weg, und zwar sofort!»

«Ich verstehe, Anja», versuchte ich einzulenken. «Und du weißt auch genau: Wenn es nach mir ginge, ich hätte mir so ein Teil niemals zugelegt.»

«Dann sind wir uns ja einig, das Ding kommt weg.» Anja holte Luft.

«Aber ich hab das Teil nicht für mich besorgt», erklärte ich.

«Für wen sonst?»

«Es ist, na ja …» Ich deutete mit dem Kopf rüber zu dem Fenster mit dem einsamen Schwibbogen. «Wegen Gitte.»

«Was hat Gitte denn damit zu tun?»

Ich legte alles Erstaunen, zu dem ich fähig war, in meine Miene. «Hast du nicht davon gehört?»

«Wovon?»

«Hat dir das noch keiner gesagt?»

«Was denn?»

Ich zögerte.

«Erzähl schon!»

«Gitte ist ja nicht mehr die Jüngste. Und, na ja, wann hast du sie das letzte Mal gesehen?»

Anja dachte nach. «Schon 'ne Weile her.»

«Siehst du», sagte ich in bedeutungsvollem Ton. Und

fügte dann mit Grabesstimme hinzu: «Könnte nämlich sein, dass das ihr letztes Weihnachten ist.»

«Nein», erschrak Anja.

«Ich weiß auch nichts Genaues», schränkte ich ein und versuchte, so vage wie möglich zu bleiben. «Aber sonst sah man sie ja immer noch, wie sie am Fenster rauchte. Ihre Filterlosen, weißt du ja. Und man traf sie auch regelmäßig beim Einkaufen, im Supermarkt, am Kiosk.»

«Du bist sicher, es ist was Ernstes?», sorgte Anja sich.

Ich zuckte mit den Schultern. «Hört man doch immer wieder: Jemand setzt sich zur Ruhe – und peng!, dauert's nicht lange, bis …» Ich brachte den Satz nicht zu Ende, musste schlucken, schaute betreten zu Boden.

Anja war aufrichtig schockiert. «Davon wusste ich nichts, wirklich», beteuerte sie.

Und das glaubte ich ihr sogar. Niemand hatte bis jetzt davon gewusst. Ich hatte es ja extra für mich behalten.

«Tja», fuhr ich fort, «und weil Gitte mir vor einiger Zeit mal erzählt hat: Was sie am meisten an Weihnachten und der gesamten Zeit zwischen den Jahren mag, ist, wenn's überall leuchtet und glitzert und funkelt, da habe ich gedacht …» Ich wies auf die Lichter an meinem Balkon. «Wenn ich sonst schon nichts für sie tun kann, dann wenigstens das hier.»

Anja wirkte betroffen, dort auf ihrem Designer-Balkon, zwischen Designer-Töpfen, als sie mit betretener Miene rüberschaute zu dem einsam glimmenden Schwibbogen im zweiten Stock. «Das wusste ich wirklich nicht.»

Ich kam mir fast ein bisschen schäbig vor, meiner Nachbarin davon erzählt zu haben. Andererseits musste man den Tatsachen ins Auge schauen. Anders ging es wohl nicht.

Ich zückte den Kabelbinder und widmete mich wieder dem Lichternetz. Diesmal protestierte Anja nicht. Sondern schaute nur stumm zu.

«Weißt du», fuhr ich fort, während ich den Kabelbinder um die Brüstung zurrte, «ich persönlich könnte gut darauf verzichten, auf diesen Weihnachtskitsch. Aber es geht hier nicht um mich. Es ist einfach: mein kleiner Beitrag. Jetzt und hier. Als Zeichen des Zusammenstehens. Ob mir das persönlich gefällt oder eben nicht, darf jetzt keine Rolle spielen.»

Dann angelte ich den nächsten Kabelbinder aus der Tasche und summte in Gedanken vor mich hin: «You'll never walk alone.»

Als ich an diesem Abend ein weißes, leuchtendes Objekt auf Anjas Balkon entdeckte, das vermutlich eine Art Schneemann darstellen sollte, wenn auch in sehr stilisierter, eher kubistischer Form, wusste ich, dass meine Saat aufgegangen war. Schließlich hatte ich nicht umsonst gewartet mit dem Anbringen des Lichternetzes, bis ich sicher sein konnte, dass Anja zu Hause war und mich dabei erwischen würde. War mir doch klar, dass sie als Designerin einer der härtesten Brocken war, die es zu knacken galt.

Kurze Zeit später wurde ich von Anja zu einer Whats-App-Gruppe hinzugefügt mit dem Titel «Wir leuchten für Gitte». Wie ich der Teilnehmerliste entnehmen konnte, befand sich die halbe Nachbarschaft in dem Chat. Und laufend wurden weitere hinzugefügt. In den ersten Wortmeldungen, die ich kurz überflog, drückten sich vor allem Schreck und Betroffenheit über Gittes Gesundheitszustand aus, aber eben auch das spontan bekundete Solidaritätsgefühl, für das dieser Stadtteil so bekannt ist: Jawohl, wir leuchten für Gitte!

Eine Handvoll Widerspenstiger, die geschmäcklerische Bedenken äußerten, wurden in Grund und Boden diskutiert und als rücksichtslose Egoisten gegeißelt, die offenbar nicht mal angesichts der Endlichkeit in der Lage waren, ihren kleinkarierten, persönlichen Geschmack auch nur ein einziges Mal zurückzustellen hinter die gemeinsame, solidarische Sache. Ich konnte mit meinem Tagwerk zufrieden sein. Wie zufrieden, zeigte sich am nächsten Vormittag.

Im linken Häuserflügel beobachtete ich seltsame Aktivitäten. Balkon erster Stock, die Wohnung von Franziska und Karsten. Auf die Distanz konnte ich es nicht genau erkennen, aber es wirkte auf mich, als hantierten die beiden mit irgendetwas Netzartigem an ihrem Geländer herum. Das war umso erstaunlicher, da Franziska und Karsten bekannt waren als Repräsentanten der klassischen Hochkultur. Sie Kuratorin am Museum der Künste, er Kolumnist bei einem intellektuellen Wochenmagazin. Dass diese zwei Schöngeister Weihnachtskitsch ans Geländer zurrten, hätte ich bis dato für noch undenkbarer gehalten, als unseren Fußballclub in der Champions League zu sehen.

Als die zwei mich bemerkten, grüßten sie mir konspirativ zu und deuteten mit erhobenem Daumen auf meine eigene Weihnachtsbeleuchtung. Ich spürte, wir saßen im gleichen Boot. Und jetzt konnte der Dampfer Fahrt aufnehmen.

Ein Haus weiter, Erdgeschoss, die ewige Studenten-WG. Auf der Veranda, wo sich normalerweise leere Bierkisten stapelten, bis dem dahinterliegenden Raum das Tageslicht ausging oder der gesammelte Pfandwert für eine wüste

Party mit Erstsemestrigen reichte, bugsierten drei junge Männer einen pompösen, reichgeschmückten Weihnachtsbaum durch die schmale Tür nach draußen. Kugeln, Bänder, Lichter, Schleifen, sogar eine Figur auf der Tannenspitze – alles schon dran. Fix und fertig. Nur noch ans Netz, und er begann zu leuchten. Christbaum to go. Erstaunlich, was es heutzutage alles gab. Und was Studenten sich leisten konnten. Zumal sich in den Folgetagen weitere, ganz ähnliche Bäume hinzugesellten. Ebenso pompös, ebenso reich geschmückt. Bald wirkte die Veranda wie ein Märchenwald. Erst später erfuhr ich, dass die drei jungen Männer ihre Aktion «Befreit die Christbäume von den Weihnachtsmärkten» nannten. Und im Untertitel «Befreit die Weihnachtsmärkte von den Christbäumen». Also offenbar Kunststudenten. Jedenfalls wurde jeder neue Baum mit einer Art Ritual gefeiert. In die Luft gereckte Bierflaschen und Männergesang spielten dabei eine entscheidende Rolle. Die Worte «never» und «walk alone» drangen an mein Ohr.

Nachdem der linke Häuserflügel vorgelegt hatte, ließ sich der rechte nicht lumpen. Immer mehr Sterne, Bäume, Ketten, Figuren gingen ans Netz und begannen solidarisch zu leuchten. Selbst bei dem jordanischstämmigen Sunniten-Clan im ersten Stock funkelten Rentierschlitten und Krippenszene um die Wette. Christen, Muslime, Alkoholiker – alle Konfessionen friedlich vereint im gemeinsamen Beistand für Gitte.

Ich fühlte mich ermutigt, den nächstgelegenen Baumarkt aufzusuchen, um weitere Zeichen der Mitmenschlichkeit zu erstehen. Es wurden acht Meter leuchtender Eiszapfen mit wechselnden Farben, die ich an der Dachrinne über meinen

Balkons installierte. Den Modus am Geländer stellte ich von Dauer auf Disco. So viel Solidarität musste sein.

Bei WhatsApp schossen derweil die Spekulationen ins Kraut. Jeder wusste irgendwas, niemand wusste Genaues. Wie im echten Leben. Die einen hatten Gittes Hang zum Rauchen in Verdacht und schimpften über Filterlose. Andere machten Alkohol verantwortlich. Dabei hatte Gitte so gut wie nie was angerührt, vor allem nicht in ihrer Kneipe. Es ging drunter und drüber. Sicher war nur, dass Gitte seit Wochen nicht mehr gesehen worden war. Von niemandem. Nicht am Fenster, nicht im Supermarkt, nicht am Kiosk. Irgendjemand hatte Gittes Telefonnummer und versucht anzurufen – ohne Erfolg. Mobil nur Mailbox. Auf Klingeln öffnete auch niemand. Das ließ die Sorge nur noch größer werden.

Als jemand von einem Notarztwagen schrieb, den er vor Gittes Haus beobachtet hatte, schienen sich die schlimmsten Befürchtungen zu bestätigen. Einige wollten schon den Kopf hängen lassen. Doch die anderen forderten umso mehr: jetzt erst recht, jetzt nicht nachlassen.

Die Nachbarn in der Wohnung unter mir meinten, man solle die Bäume im Innenhof ebenfalls mit Lichtern ausstatten. Am besten in einer gemeinsamen Aktion, kommenden Samstag. Als jemand fragte, woher denn bitte die riesigen Mengen Beleuchtung kommen sollten, entwickelten die Kunststudenten spontan ihre Aktion «Befreit die Weihnachtsmärkte von den Lichterketten».

Die Dinge nahmen also ihren Lauf. Und der Innenhof verwandelte sich Tag für Tag mehr in einen glitzernden, funkelnden, blinkenden Weihnachtszauber.

Nur über Franziska und Karsten, die Wohnung von Jens, dem Musiker, gähnte ein hässliches dunkles Loch in der Wand. Ehe die Emotionen hochkochten und der Bannstrahl der Nachbarschaft ihn vollends traf, ließ er sich per Facebook-Nachricht entschuldigen: Er sei gerade auf Tournee, in Asien, mit seiner Band, würde seiner Haushaltshilfe aber auftragen, beim nächsten Termin statt die Fenster zu putzen, den Balkon rauszuputzen, mit Lampions. Außerdem arbeite er mit seiner Band an einem Song: «Glow, Gitte, glow!» Wir seien die Ersten, die es erfahren würden, wenn der Download bereitstünde.

Am dritten Adventssonntag war ich am Ziel. In der Nacht hatte es Schneefall gegeben. In meinem Plan hatte ich das gar nicht zu hoffen gewagt. Der Innenhof lag versunken in ein einziges, überwältigendes Lichtermeer. Es fühlte sich endlich wieder an wie das Weihnachten meiner Kindheit. Ich war augenblicklich wieder sechs oder sieben, ein kleiner Junge, mit großen Augen am Fenster, der hinausblickte in den Winterzauber, eine Tasse heißer Schokolade in der Hand und gespannt wie ein Flitzebogen, ob er Knecht Ruprecht, das Christkind oder den Rentierschlitten am Himmel entdecken würde. In diesem Moment war ich das glücklichste Kind der Welt. Es war perfekt. So was von perfekt. Nur dass ich mir meine Trinkschokolade selber heiß machen musste.

Damals war alles noch so einfach gewesen. Der Weihnachtsmann war für die Geschenke zuständig, Papa für den Christbaum, für den Festschmaus Mama und der liebe Gott für den Frieden auf Erden, der regelrecht mit den Händen zu greifen war an den besinnlichen Tagen von Heiligabend bis Neujahr. Wann war das nur passiert, dass alles so viel komplizierter geworden war? Warum hatte es nicht einfach für immer bleiben können, wie es damals war?

Ich weiß gar nicht, wie lange ich so dagesessen habe, versunken ins glitzernde Gestern. Das Erste, woran ich mich wieder erinnern kann, war eine Gruppe von Nachbarn, die im Schnee aus Lichterketten einen überdimensionalen Jolly Joker legten, das legendäre Totenkopf-Symbol von St. Pauli. Mein Gott, hörte das denn niemals auf? Was hatte ich bloß losgetreten?

Als Karsten in seinem Wochenblatt dann noch eine Kolumne schrieb über «Das Prinzip Menschlichkeit im 21. Jahrhundert» und dabei unsere kleine Nachbarschaftsaktion als großes Vorbild für die Gesellschaft im Ganzen würdigte, fragte ich mich endgültig, ob ich nicht zu weit gegangen war.

Derweil kündigte die WhatsApp-Gruppe für den nächsten Tag ein Weihnachtssingen an. Kinder und Erwachsene, gemeinsam im Innenhof, Laternen und Würstchen inklusive. Ich war nur froh, dass sich die Studenten nicht daran beteiligten mit der Aktion «Befreit den Glühwein von den Weihnachtsmärkten».

Dummerweise konnte ich selbst am Weihnachtssingen nicht teilnehmen. Ich musste zum Flughafen. Das hatte ich versprochen.

«Kalt ist es bei euch, Edgar», lachte mich eine fidele ältere Dame an, die einen großen Trolley hinter sich aus dem Transitbereich rollte. «Schön, dass du mich abholen kommst.»

«Versteht sich ja wohl von selbst», grüßte ich die Dame

und nahm ihr das Gepäck ab. «Willkommen in Hamburg, Gitte. Gut siehst du aus! Erholt.»

«Es war herrlich», strahlte Gitte. «Einfach mal alles hinter sich zu lassen! Aber jetzt freue ich mich auch wieder auf zu Hause.»

Unterwegs vom Flughafen schwärmte sie vom Mittelmeer, vom Atlantik, den Kanaren und Madeira. Sieben Wochen mit ihrer Schwester. Und das alles auf einem Luxusliner.

Noch bevor sie ihre Kneipe aufgab, hatte Gitte mich ins Vertrauen gezogen. Wahrscheinlich weil ich irgendwann mal selbst von Kreuzfahrten erzählt hatte. Ihr Leben lang habe sie immer nur hinterm Tresen gestanden, sagte Gitte mir damals. Immer nur für andere da, immer nur Arbeit. Keinen Urlaub, keine Reisen, außer mal zu ihrer Schwester nach Bayern. Aber damit sei jetzt Schluss. Sie träume schon seit Jahren von einer Kreuzfahrt. Welche Route ich ihr denn empfehlen würde. Und ob das Ganze bitte vollkommen unter uns bleiben könne. Zum einen wurden ausgedehnte Luxuskreuzfahrten in unserem Quartier nicht gerade goutiert. Zum anderen stamme das Geld für die Reise aus – na ja, niemand wisse eben davon. Und das könne auch ruhig so bleiben.

Ich hatte Gitte vollkommenes Stillschweigen versprochen. Hatte ihr Empfehlungen gegeben und bei der Buchung geholfen. Und als ich sie eines Morgens in aller Frühe zum Flughafen brachte, war ein Plan in mir gereift, an dessen Anfang eine gewisse Nachbarin stand, die Designerin ist und Vorbehalte gegen Weihnachtsbeleuchtung aller Art hegte.

«Ich hab übrigens mit dem Rauchen aufgehört», erzählte Gitte.

«Sehr gut», gratulierte ich.

«Ach, das musste endlich mal sein», sagte sie. «Man lebt einfach länger, oder?»

«Das kannst du laut sagen», nickte ich.

«Und bei euch so? Was gibt's da Neues?»

«Oh, du wirst Augen machen», versprach ich ihr.

Niemand bemerkte uns, als ich Gitte ins Haus begleitete und den Trolley nach oben brachte. Alle waren beim Weihnachtssingen.

Schon als Gitte die Wohnungstür aufschloss, konnte man die Stimmen hören. Im Moment war offensichtlich gerade ein Ros' entsprungen aus einer Wurzel zart.

«Was ist das für Musik?», stutzte Gitte. «Himmel, hab ich vergessen, das Radio auszumachen?»

«Alles gut», lachte ich und verstaute ihr Gepäck im Flur. «Aber bitte, keinen Schreck kriegen, wenn du ins Wohnzimmer kommst.»

«Was ist hier los, Edgar?»

«Ach, guck einfach selbst.»

Gitte öffnete die Tür zu ihrem Wohnzimmer, der Gesang schwoll an. Das Blümelein, so kleine, mit seinem hellen Scheine, vertrieb soeben die Finsternis. Und tatsächlich: Obwohl sie den Schalter gar nicht angerührt hatte, war Gittes Wohnzimmer durchflutet von Licht. Ein bewegender Anblick. Gitte trat langsam näher ans Fenster, wo einsam ihr Schwibbogen glimmte. Sein Licht war kaum wahrnehmbar in all der gleißenden Helligkeit, die von außen hereinstrahlte.

Ich hielt mich im Hintergrund, um nicht versehentlich gesehen zu werden, konnte aber von hier erkennen, dass

Anja neben ihrem kubistischen Schneemann kauerte, dem sie einen blinkenden Lichterschlauch als weithin sichtbaren Schal mehrfach um den Hals gewickelt hatte. Um Himmels willen, die Frau stand ja vollkommen neben sich! Nur noch ein graphischer Schatten ihrer selbst. Höchste Zeit, dass der Spuk ein Ende fand.

«Mein Gott, das ist wunderschön, Edgar», hauchte Gitte am Fenster. «So habe ich unseren Hof noch nie gesehen.»

«Ich auch nicht», antwortete ich. «Aber ich habe immer davon geträumt, dass es einmal so sein könnte.»

Draußen hob der Chor zum nächsten Lied an. Die Köpfe auf Gittes Fenster gerichtet, erklang aus unzähligen Kehlen: You'll never walk alone.

Und dann passierte das, was später den Mythos begründete für das, was wir heute das Wunder von St. Pauli nennen. Die ersten erkannten Gitte am Fenster. Winkten ihr ungläubig zu. Wiesen andere darauf hin. Zeigten zum Fenster. Und dann ging der Rest des Liedes unter in einem überwältigenden Jubel. Ich war selber den Tränen nahe vor Rührung. Die spontane Genesung der Schwerkranken. All das Hoffen und Bangen, all das solidarische Zusammenstehen im Quartier – am Ende hatte es doch etwas genützt und das kaum noch für möglich Gehaltene bewirkt.

Gitte schien das alles vollkommen unwirklich vorzukommen. Wie in Trance erhob sie die rechte Hand, ganz langsam, und winkte den Menschen im Innenhof zu. Jetzt kannte der Jubel kein Halten mehr.

«Meinen die mich?», staunte Gitte.

«Ich konnte doch nicht sagen, wo du bist», erklärte ich kleinlaut. «Da musste ich mir irgendwas einfallen lassen.»

Ein solches Wunder hatte noch niemand im Quartier jemals erlebt. Deshalb im Grunde ganz logisch, dass im Chat die spontane Idee aufkam, zum Gedenken an diesen Tag unseren Innenhof künftig jedes Jahr wieder leuchten zu lassen. Fand ich gar nicht schlecht, die Idee.

«Ach, Gitte, bevor ich's vergesse», sagte ich noch, ehe ich die Wohnung verließ. «Das mit der Kreuzfahrt – besser, wir behalten das auch in Zukunft ganz für uns.»

«Auf jeden Fall», nickte Gitte. Und ich musste unwillkürlich grinsen, als sie ergänzte: «Von mir erfährt niemand auch nur ein Sterbenswörtchen.»

Am Abend darauf begegneten Anja und ich uns auf dem Balkon. Sie stand gedankenverloren am Geländer, nippte an einer dampfenden Tasse und schaute in den gleißenden Hof.

«Halt mich ruhig für sentimental», sagte sie, als sie mich bemerkte, «aber irgendwie bin ich froh, dass alles hier wie früher ist.»

«Geht mir genauso», gestand ich ihr. «Wir hatten damals auch immer so ein Lichtermeer bei uns zu Hause.»

«Das meinte ich nicht», korrigierte Anja mich. «Ich meinte: dass Gitte wieder auf den Beinen ist. Dass sie wieder ganz die Alte ist.»

«Ach so! Klar, darüber bin ich natürlich auch sehr froh.»

Und dann – ich weiß nicht, was mich ritt, was mich in diesem Moment dazu brachte. War es schlechtes Gewissen? Der Versuch, mir die Wahrheit von der Seele zu reden? Jedenfalls sagte ich: «Manchmal habe ich die letzten Wochen gedacht, vielleicht ist Gitte nur einfach nicht da. Vielleicht hat sie alles hinter sich gelassen. Und ist von uns gegangen, ohne wem Bescheid zu geben.»

Anja staunte. «Glaubst du etwa, wir haben nicht alle manchmal diese mulmigen Gefühle gehabt? Dass Gitte längst ihre letzte Reise angetreten hat, übern großen Teich.»

«Wer sagt, dass es die letzte war?», fragte ich.

«Das ist geschmacklos, Edgar! Im Leichenwagen, das wird sicher keine Kreuzfahrt. Und überhaupt: letzte Reise – so was darf man gar nicht erst aussprechen. Nicht mal denken darf man so was. Sonst schafft das nur negative Energie. Und am Ende erfüllt es sich noch von selbst, wenn alle so denken.»

«Aber wenn sie vielleicht wirklich auf Kreuzfahrt …», wandte ich ein.

«Hör auf, Edgar. Ich will nichts mehr davon hören. Ich spür doch schon, wie diese Energie hochsteigt.»

«Aber so eine Reise …»

«Schluss jetzt», forderte Anja energisch. «Nie wieder ein einziges Wort davon, verstanden?»

«Gut», nickte ich. «Kein Problem für mich.» Ich hatte getan, was ich tun konnte. Mein Herz war rein, mein Gewissen erleichtert. Und wer wäre ich, ein Versprechen zu brechen, das ich meiner Nachbarin gegeben habe?

Ich wünschte Anja einen schönen Abend noch, verzog mich ins Warme und habe seitdem tatsächlich nie wieder ein einziges Wort darüber verloren. Deshalb ranken sich bis heute die schillerndsten Mythen darum, wie es wirklich zustande kam: das Wunder von St. Pauli.

Tania Kibermanis

Suizidalissimo

Im Grunde bin ich dagegen, Selbstmörder retten zu wollen. Da zerrt man sie noch in letzter Sekunde von Bäumen und Brücken, und dann hat man sie am Hals mit ihren Schulden, ihren verkackten Ehen und ihren viel zu früh verschiedenen Haustieren. Meine Sammlung steigt stetig. Gerade jetzt, zwischen den Jahren. Hinter den Fenstern zucken epileptische Lichterketten. In den Straßen bleischwerer Dunst von Braten mit Rotkohl. Aus manchen Wohnungen tönt Geschrei, seidengemalte Krawatten und Lebenshilfebücher fliegen von Balkonen.

Ich suche Deckung im Park. An einer mächtigen Eiche hängt der schöne Erik. Allerdings nur für einen Augenblick. Der Ast, an den er seinen Strick geknüpft hatte, gibt seinem beachtlichen Kampfgewicht mit lautem Krachen nach. Jetzt liegt er im Schnee, reibt sich die schimmernde Glatze und flucht. Ich habe ihn sofort erkannt, schließlich hatte er für eine Weile seine tägliche Zeitungsschlagzeile: Boxmeister, Puffbesitzer, in mehrere Schießereien verwickelt, bei einer Kneipenschlägerei ein Auge verloren. Letztes Jahr Privatinsolvenz, seitdem hörte man nichts mehr von ihm.

«Geh weiter, ich komme klar!», schnauzt er mit schrundigen Stimmbändern.

«Genau so sieht das auch aus!», sage ich. «Und du bist sicher, dass du keine Hilfe brauchst?»

«Du kannst ja für mich anschaffen gehen, siehst für dein Alter doch noch ganz anständig aus ...»

Ich wünsche ihm ein schönes Leben. Wir lachen beide.

Und so kam der schöne Erik zu mir. Besser gesagt, zu mir und meinen Mitbewohnern. Denn zu Hause warteten schon Elfriede, die magersüchtige Lisa und der schwule Hassan. Alle drei an Heiligabend gefunden, das ist mein bisheriger Rekord. Langsam wird es eng in meiner Zweizimmerwohnung.

Andere Menschen sammeln Terrakottaenten, ihre eigenen Fingernägel, Ehemänner oder zumindest schlechte Erfahrungen. Ich sammle eben Selbstmörder. Pilzsucher oder Waldkräuterhexen werden mich verstehen: Bestimmte Pflänzchen gedeihen eben zu bestimmten Zeiten am prächtigsten. Und in den Tagen zwischen Weihnachten und Silvester sind die Brücken, die Bahngleise, die Hochsitze im Wald und die städtischen S-Bahn-Tunnel geradezu übersät von Geschöpfen mit hängenden Schultern und düster umflorten Augen. Man muss sie eben nur rechtzeitig pflücken. Glückliche Menschen konnte ich noch nie leiden. Feiertage genauso wenig. Alle warten drauf, dass irgendwas Tolles losgeht. Die Selbstmörder dagegen warten darauf, dass etwas Beschissenes endet. Das ist mir entschieden sympathischer. Und dann hat es sich eben so ergeben. Da können Sie jetzt reindeuten, was Sie wollen – ich habe an Weihnachten sowieso nichts Besseres vor.

Elfriede ist Sterberechtsaktivistin und ein alter Hase, was Selbstmord angeht. Von Tabletten rät sie ab: «Das überlebst du sowieso, nur deine Nieren nicht, und dann musst du bis ans Lebensende an die Dialyse, na danke schön!», auch das Pulsaderngemetzel schätzt sie gering: «Riesensauerei!», Aufhängen findet sie irgendwie unästhetisch, deshalb schwamm sie kieloben in der winterlichen Elbe, wo ich sie gefunden habe. Hassan dagegen streunte, von Liebeskummer geschüttelt, über die Bahngleise, wofür er von Elfriede als asozial und egoistisch gescholten wurde. Lisa ist ein bleiches Persönchen mit schweren Augenlidern, das sich ausschließlich von Orangen ernährt. Sie hatte beschlossen, in einem elfenhaften Hauch von Sommerkleidchen unter einer Linde zu erfrieren. Burkhardt stand mit schlotternden Beinen auf dem Geländer der Autobahnbrücke. Richtig, da ist ja noch Burkhardt. Ein hageres Männlein und so farblos, dass man ihn selbst dann übersieht, wenn er direkt vor einem steht. Burkhardt ist Finanzbeamter, hat sein Leben lang bei seiner Mutter gewohnt, doch die ist vor ein paar Wochen mit 96 gestorben. Das alleine wäre ja noch nicht so schlimm gewesen, aber Burkhardts Rauhaardackel ist zwei Tage danach beim Taubenjagen auf dem Balkon ausgerutscht und aus dem vierten Stock gefallen. Inzwischen ist Burkhardt wieder einigermaßen beisammen, hat uns mit hilfreichen Steuertipps versorgt und aus Dankbarkeit alle meine Quittungen sortiert, nur Hunde darf er nicht sehen, nicht mal im Fernsehen, sonst dreht er vor Verzweiflung durch. Gerade stellt er für den schönen Erik einen Schuldenabbauplan auf. «Wenn wir jetzt mal davon ausgehen, dass du monatlich gut mit tausend Euro auskommen könntest …»

«Davon kann doch nicht mal ein Penner leben! Guck dir meine Rüstung an – was meinst du, was so was kostet? Die Schuhe hier, die sind handgenäht! Glaubst du, ich will so rumlaufen wie du?»

«Darf ich fragen, was du so beruflich machst?»

«Dies, das. Was so anliegt.»

«… dann wärst du 2040 wieder in den schwarzen Zahlen …»

«Halt jetzt die Fresse, du Wurst, sonst mach ich dir die Lichter aus!»

«Das würdest du für mich tun? Das würde mir sehr helfen.»

«Ist Sterbehilfe eigentlich steuerlich absetzbar?», fragt Elfriede interessiert.

Seit Weihnachten haben wir nur Suppe gegessen. Und Pudding. Zumindest nichts, wofür man irgendwas außer Löffeln braucht. Sicher ist sicher. Den Besteckkasten habe ich vorsorglich versteckt, genauso wie den Messerblock, die Werkzeugkiste und meine Einwegrasierer.

«Guckt mal, was ich draußen gefunden habe!» Lisa steht ganz aufgeregt in der Tür und zieht einen schnaufenden Igel unter ihrer Jacke heraus. Lisa liebt Igel. Und das Schlimme ist: Sie findet auch immer welche. Inzwischen geistern schätzungsweise acht Igel durch die Wohnung. Einer schläft im Bad unter den Handtüchern, der Rest macht sich am liebsten unsichtbar.

«Der hat sich bestimmt an deinen dürren Rippen gestoßen, das arme Viech! Gibt es eigentlich auch schwule Igel?», fragt Hassan.

«Ich hab mal eine Doku über schwule Geier gesehen, die

abwechselnd ein Ei ausbrüten, das war voll süß», sagt Lisa, während sie zum Abendbrot ein paar Süßstofftabletten kaut.

«Es gibt auch schwule Löwen, die führen das Rudel dann gemeinsam, statt sich gegenseitig totzubeißen – das nenne ich Zivilisation! Apropos – gibt es eigentlich auch Sterbehilfe unter Tieren?»

«Was macht ihr eigentlich im Sommer?», frage ich dazwischen. «Seid ihr dann genauso finster drauf?»

«Das ist wie in der Bundesliga – im Sommer ist Spielzeitpause», sagt Erik. «Keine Saison.»

Die anderen nicken.

Morgen ist Silvester. Draußen donnern überall Böller nieder wie ein Krisengebietsbombardement.

Der schöne Erik liegt im Wohnzimmer auf dem Fußboden und stemmt das Sofa, auf dem Lisa mit einem Igel kuschelt. Zehnmal, zwanzigmal. «Wenn ich meine Muskeln nicht trainiere, kann ich mich ja gleich umbringen …»

«Du bist mit Spülen dran, Erik», mahnt Hassan. «Du hast noch kein einziges Mal abgewaschen!»

«Ich spül doch nicht, ich bin doch keine Schwuchtel!»

«Hört ihr, wie ich hier wieder diskriminiert werde?»

«Du weißt, doch, wie ich das meine! Mach dich mal grade! Als ich in deinem Alter war, hatte ich schon vier Hühner für mich laufen …»

«Als ob das eine Lebensleistung wäre!», mischt sich Elfriede ein.

«Wo wohnt eigentlich das Arschloch, das dich verlassen hat?», fragt der schöne Erik überraschend versöhnlich. «Wenn du willst, brech ich dem die Arme!»

«Danke für das Angebot, ich denk drüber nach …» Hassan setzt sich zu Lisa aufs Sofa, sie legt ihren Kopf auf seine Schulter und flüstert ihm ins Ohr: «Meinst du denn, nur so theoretisch, dass man sich auch mit einem Igel die Pulsadern aufschneiden könnte?»

Abends gucken wir alle zusammen die Wiederholung von *Drei Nüsse für Aschenbrödel*. Der schöne Erik blökt: Bei mir wäre die nix geworden – viel zu wenig in der Bluse! Und der Prinz ist doch schwul!»

Hassan kriecht fast in den Fernseher. «Meinst du wirklich?»

«Klar, und seine Kumpels auch, da gibt's doch keine zwei Meinungen!»

«Jetzt, wo du's sagst, sehe ich's auch …»

«Das Aschenbrödel hat einen ganz schön fetten Arsch. Meiner ist doch nicht so fett, oder?»

«Das macht nur das Kleid, Schatz. Ich glaube, die ist sogar noch dünner als du …»

«Mann, Hassan, du bist voll gemein!» Lisa steigen Tränen in die Augen, sie schnappt sich alle Igel, die sie greifen kann, und rennt mit ihnen ins Bad.

«Jeder Mensch hat das Recht, auch mal wütend zu sein», sinniert Elfriede. «Genauso wie jeder das Recht auf einen selbstbestimmten Tod hat …» Sie fischt einen Brustbeutel aus ihrem Ausschnitt. «Ich habe meine Patientenverfügung und mein Testament immer bei mir!»

Burkhardt rückt ganz ergriffen ein Stückchen näher an Elfriede heran. «Ich finde das toll, wie professionell du das angehst. Wenn du mir vielleicht auch mal zeigen könntest, wie man so ein Schreiben aufsetzt, nur so für alle Fälle …»

Nebenan rauscht Badewasser. Ich denke an den Föhn, der im Bad an der Wand hängt. Schlechte Kombi. Ganz, ganz schlechte Kombi. Dann folgt auch schon einer lauter Knall, und die Wohnung ist dunkel. Hassan rennt zum Badezimmer und tritt im stockfinsteren Flur auf einen Igel, der mit verschrecktem Fiepen davonhuscht. Er hämmert an die Tür.

«Lisa! Mach auf! Du bist das dünnste Mädchen auf der Welt! Gegen dich ist Aschenbrödel eine Sonnenfinsternis! Echt jetzt!»

Drinnen ist es still. Der schöne Erik springt durch die Dunkelheit in den Flur, reißt meinen Schuhschrank mitsamt Dübeln aus der Wand und donnert ihn durch die Scheibe in der Badezimmertür. Beeindruckend. Burkhardt hat zum Glück immer eine Taschenlampe in der Jacke. «Die brauch ich ja, wenn ich abends noch mal mit dem Hund gehe … gegangen bin.» Seine Stimme flattert. Wir stehen im dunklen Flur, und Burkhardt leuchtet durch die zertrümmerte Scheibe ins Bad. Im Lichtkegel hockt Lisa auf dem Badewannenrand und lächelt. Sie hält das Kabel des Föhns in der Hand, dessen verkohlte Reste im Wannenwasser dümpeln.

«Ich wollte nur, dass ihr euch ein bisschen Sorgen macht. Hat doch geklappt. Guck mal, Erik, wie süß der kleine Igel da in deinem Schuh schläft!»

«Ich könnte dir den Hals umdrehen, du blöde Kuh!»

«Vorhin wäre das eine echte Option gewesen, aber jetzt geht's wieder.»

Der schöne Erik schüttelt aus jedem Schuh je einen verstörten Igel.

«Die Scheißviecher haben in meine Schuhe gepisst, die sind handgenäht! So, Freunde der Sonne, Onkel Erik brät heute Igelburger!»

«Wenn du den Igeln was tust, bring ich mich wirklich um!», kreischt Lisa.

Der schöne Erik grapscht mit seinen riesigen Pranken unter den Schrank. «Wo sind denn die Biester? Miezmiez, kommt zu Onkel Erik … Burkhardt, du Weichei, jetzt leuchte mal! Los, sei einmal ein Kerl!»

Stattdessen knipst Burkhardt die Taschenlampe aus. «So eine mörderische Aktion unterstütze ich nicht!»

«Bravo!» Elfriede applaudiert aus der Finsternis. «So gefällt mir mein Burkhardt! Wir sollten über ein Doppelgrab nachdenken …»

Heute ist Silvester. Die Igel haben sich allesamt irgendwo verkrochen. Die Wohnung ist dunkel. Ein Elektriker ist am Feiertag natürlich nicht aufzutreiben. Elfriede hat überall Teelichter aufgestellt, richtig gemütlich sieht es bei uns aus. Nur mit dem Raclette wird es heute nichts. Zum Glück habe ich noch einen Campingkocher und ein paar Dosen Ravioli. «Oh, darf ich die Dosen aufmachen? Bitte, bitte!» Lisa ist ganz aufgeregt.

«Du hattest gestern schon deine Show, Schatz.»

«Man könnte das Gas vielleicht auch einatmen.» Burkhardt schnuppert interessiert an der Kartusche.

«Meinst du, ich könnte mir da einen Igel drauf garen?»

«Schluss jetzt!», schnauzt Elfriede. «Ich möchte mit euch etwas Wichtiges besprechen. Wie stellt ihr euch euren Tod vor?»

«Och nö, Elfriede, hast du kein anderes Thema?» Hassan faltet kleine Krönchen aus Papierservietten.

«Also ich würde das schon gerne hören.» Burkhardt hat Stift und Notizblock gezückt und blickt Elfriede hingerissen an.

«Aber nur weil du scharf auf die Alte bist!»

Also, ich möchte ein Baumgrab in der Lüneburger Heide. Und eine Beerdigung ohne Sarg, nur mit Tuch, so wie ihr das macht, Hassan.»

«Wer ist denn ihr? Ich hab mit Religion nix am Hut!»

«Aber du heißt doch Hassan! Isst du denn überhaupt Schweinefleisch? Ich meine, wegen der Ravioli …»

«Mann, Elfriede! Ich frag dich doch auch nicht, ob du dich nur von Zwiebelmettwurst und Bier ernährst, ob du dich nur einmal in der Woche, nämlich Samstagabend vor der Sportschau, wäschst und ob dein Kanarienvogel Hansi heißt!»

«Das wäre ja auch völlig absurd!»

«Eben!»

Ich hole die Monopolykiste aus dem Schrank. «Ich finde, wir spielen jetzt mal 'ne Runde!»

Nach einer Stunde stapeln sich vor Burkhardt beträchtliche Haufen mit Scheinen. «Man kann ja nicht mehr ausgeben, als man einnimmt. Das muss man eben vorausschauend spielen …»

Der schöne Erik sieht das ganz anders, leiht sich bei uns allen Geld und investiert in Hotels. «Leute, ich hab gleich drei Puffs in der Parkstraße, wie in alten Zeiten! Hosen runter, das war's für euch, ihr Loser!»

«Ich stelle mir jetzt auch ein kleines Hotel in meine Badstraße, und da richte ich dann ein schönes Sterbehospiz ein», sagt Elfriede. «Nur mit Naturmaterialien, ganz viel hellem Holz und Rattanmöbeln …»

«Ich hab überhaupt kein Geld mehr, ich glaub, ich bring mich um!», seufzt Lisa.

«Ach Lisaschatz, das hatten wir doch schon.»

Noch eine Stunde bis Mitternacht. «Sollen wir Blei gießen?», frage ich.

Unsere Löffel drängeln sich um das mickrige Gasflämmchen. Die heißen Bleiklumpen zischen nacheinander in die Wasserschüssel.

«Ich hab was, das sieht aus wie ein Strick an einem Baum …»

«Meins ist eher so sargartig. Könnte aber genauso gut ein Tumor sein.»

«Und ich hab eindeutig ein Sterbehemd.»

«Wisst ihr, was ich habe? Eine Corvette, Baujahr 74, das sieht man am Heck! Und wenn ihr mal ganz genau guckt, da sitzt auch noch eine geile Alte auf dem Beifahrersitz – mit mindestens 85 C!»

Um Mitternacht quetschen wir uns zusammen auf meinem winzigen Balkon. Die Raketen ploppen in den böllerverrauchten Himmel und streuen bunte Funken in die Nacht.

«Dieses Jahr mache ich endgültig Schluss», brummelt der schöne Erik.

«Ich will endlich mal richtig abnehmen!»

Hassan lächelt einem hübschen Kerl zu, der von der Straße aus zu ihm nach oben schaut. «Ich wünsche mir mehr Kitsch. Großes Orchester, Geigen – und dann im schönsten Moment einfach sterben …»

In diesem Moment jault es irgendwo oben im Haus kurz auf, dann saust ein Dackel am Balkongeländer vorbei nach unten. Burkhardt schnappt nach Luft und presst sich die Hände vor die Augen. «Ogottogottogottogott! Nicht schon wieder! Ich kann da nicht hingucken!»

Wir drängen uns am Geländer. So niedrig hatte ich es gar nicht in Erinnerung. Und normalerweise kann ich die Hauswand unter uns auch nicht sehen. Merkwürdig. War vielleicht doch alles ein bisschen viel für meinen Kreislauf. Hassan und Lisa wagen einen vorsichtigen Blick nach unten. Kein Dackel. Nur ein alter Mann mit zauseligem Bart und fleckigem Mantel, der einen Einkaufswagen voller Gerümpel vor sich herschiebt. Klirrende Flaschen, Decken und auf dem Haufen ein scheckiger Schlafsack, aus dem sich ein Hundekopf schält.

«Sachma, wer schmeißt denn hier Köter vom Balkon?», blökt er. «Hab gehört, hier gibt's 'ne Selbstmörderkommune, seid ihr das? Und habt ihr vielleicht noch 'n Eckchen für mich frei? Ich bin auch nicht so gut drauf ...»

Unter unseren Füßen knirscht es. Ein Geräusch, als würden die Kieferknochen eines sehr, sehr großen Tieres knacken.

«Und was wünscht ihr euch fürs neue Jahr?», frage ich.

«Ich wünsch mir einen schnellen Tod», seufzt Elfriede. Burkhardt nimmt ergriffen ihre Hand.

Es knirscht lauter. Der Balkon neigt sich müde ein Stückchen nach vorn. «Ich gehe uns mal eine Flasche Sekt holen», flöte ich und hechte mit einem Sprung nach drinnen. Der Boden im Flur zittert. Ich schleiche in die dunkle Küche. Angucken kann ich mir das nicht. Dann ein lautes Krachen.

Sie haben es ja nicht anders gewollt. Lasse mich aufs Sofa fallen, und meine Haare verheddern sich in einem aufgeschreckten Igel. Na ja, nett waren sie schon. Dann mal Prost Neujahr.

«Sag mal, war das eben so eine Art Sterbehilfe?», höre ich Elfriede fragen.

«Ohne dich wollten wir nicht abtreten, das wäre voll langweilig! Ist noch Süßstoff da?»

«Ich hab die ganze Bande grade noch rechtzeitig reingeschubst, ohne mich wären die Spacken alle abgestürzt!»

Wir lugen mit gebührendem Abstand durch die offene Balkontür nach unten. Der Balkon baumelt an seinen verbogenen Streben wie ein loser Milchzahn.

«Versicherungsrechtlich könnte ich mir das jetzt schwierig vorstellen …», murmelt Burkhardt. Feuerwehrautos schälen sich von Ferne durch den Böllerdunst. «Wo ist eigentlich Hassan?», frage ich. Schritte im Treppenhaus. Hassan schnauft die Treppen nach oben, auf dem Arm ein rundum gesträubter Dackel. Und gefolgt von dem alten Mann, der bedenklich streng riecht.

«Das ist der Heinz, der ist überhaupt nicht gut drauf …»

Ich pule den Igel aus meinen Haaren und nehme mir vor, dieses Jahr vielleicht mal keine Selbstmörder zu retten.

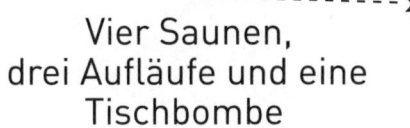

Vier Saunen,
drei Aufläufe und eine
Tischbombe

Heiligabend, 13:30 Uhr
Eine kleine Ortschaft im Südosten Finnlands
Veikko und Tuija

Das war eine gute Idee, Veikko, die Weihnachtssauna vorzuziehen. Wenn die Kinder einmal da sind, haben wir keine Zeit mehr, und Heiligabend ohne Sauna, das ist wie ein Weihnachtsbaum ohne Kerzen. Riikka und Thomas werden kurz nach vier eintreffen, du wirst sie bei der Bushaltestelle abholen müssen. Sie kommen direkt aus der Schweiz, und ich bin sicher, Thomas wird gleich in die Sauna wollen. Jenni hat gesagt, sie seien auch kurz nach vier hier, aber wie ich sie kenne, werden sie es kaum vor fünf oder sechs schaffen. Ich bin so glücklich, dass Riikka mit ihrer Familie die Feiertage mit uns verbringt, das kommt nicht oft vor, wir sehen sie sonst nur im Sommer. Ob Thomas besser Finnisch spricht als noch vor einem halben Jahr? Verstehen tut er mittlerweile viel, zu Hause hört er ja Riikka und die Kinder Finnisch sprechen, aber wenn er selber spricht – das

221

klingt zu drollig. Könntest du ein bisschen Wasser auf die Kiuas schmeißen, Veikko? … Veikko?»

«Jo?»

«Bitte.»

«Was?»

«Löyly.»

«Joo, Tuija, gern.»

«…»

«Weißt du, Veikko, ich will, dass diese Weihnacht besonders schön wird, ganz wie früher. Hannele hat mir einen prächtigen Schinken besorgt, riecht er nicht herrlich? Und auch die Aufläufe sind mir dieses Jahr gut geraten. Gibt es in anderen Ländern auch spezielle Gerichte, die an Heiligabend alle essen? In Deutschland ist es Gänsebraten, das gab es, als ich in den Sechzigerjahren Au-pair in Stuttgart war. Aber essen alle Deutschen Gänsebraten? Auch heute noch? Und was wird in der Schweiz aufgetischt?

Ich frage mich, ob Riikkas Kinder unser Essen mögen werden, gut, den Schinken vermutlich schon, aber die Aufläufe? Als Kind mochte ich das Weihnachtsessen nicht besonders, aber damals gab's Ende des Jahres ohnehin kaum mehr anderes als Möhren, Steckrüben, Kartoffeln und Zwiebeln. Heute könnte man ja alles kochen, sogar chinesisch oder afrikanisch, man kann im Supermarkt alles kaufen, und doch essen wir jedes Jahr dasselbe.

An Weihnachten soll Finnland so sein wie früher, das erwarten die Kinder, vor allem Riikka. Sie möchte, dass ihre Kinder echte finnische Feiertage erleben, sie verbringen Weihnachten ja zum ersten Mal nicht in der Schweiz, sondern bei uns.

Deshalb habe ich auch einen Weihnachtsmann organisiert, das heißt, diesmal ist es Anneli, Risto ist ja letztes Jahr gestorben, und ich habe keinen anderen Mann dazu überreden können. Aber Anneli kann das schon, sie hat eine dunkle Stimme, und mit Mütze, Mantel und Bart gibt sie bestimmt einen überzeugenden Joulupukki ab. Anneli ist vermutlich sogar besser als Risto – sie wird nicht betrunken sein.

Es soll sein wie immer. Für die Jungen ist das wichtig. Die Vergangenheit liegt ja nicht weit zurück, aber die Gegenwart ist so anders. Was uns wohl die Zukunft bringt? Ich will es gar nicht wissen. Ach ...Veikko ... wäre es nicht Zeit für einen Aufguss?»

«...»

«Veikko? Löyly?»

«Joo.»

«Danke.»

«...»

«Habe ich dir schon von vorgestern Nachmittag erzählt? Wir hatten es sehr lustig. Die Gemeindesekretärin, Reija, hat alle Frauen zu einer kleinen Weihnachtsfeier ins Gemeindehaus eingeladen. Es gab Kaffee und Apfelwein, Pulla, Piroggen, und Pfefferkekse. Alle Betriebe und Vereine und Schulen feiern Pikkujoulu – warum sollten wir Frauen im Dorf es nicht tun? Wir sehen uns viel zu selten, und du kannst dir vorstellen, wie viel wir uns zu erzählen hatten. Wir leben verstreut, und weil das Dorfzentrum immer leerer ist und immer mehr Läden schließen, gibt es immer weniger Gründe, überhaupt noch hinzugehen. Bald sehen wir uns öfter im S-Market vor Lappeenranta als in Hanneles

K-Kauppa, witzelte Riitta. Es ist traurig, aber wahr. Und deshalb hat uns Reija am Stephanstag alle zu einem Tanznachmittag eingeladen, auch alle Männer. Oh, das weckt Erinnerungen, oder, Veikko? Wir sind uns ja bei einem Tapanintanssi nähergekommen … Wie lange ist das nun her? Du warst so fesch in deinem geblümten Hemd – und im Sommer haben wir dann geheiratet. Ich habe Reija versprochen, dass wir auch kommen, mit Riikka und Thomas. Das wird ihm gefallen, er ist ja verrückt nach allem, was typisch Finnisch ist.

Ach, das Haus wird so schön voll sein, so lebendig! Die Kinder, die Schwiegersöhne, die Enkel, alle hier bei uns. Ich weiß, du magst die Feiertage nicht besonders, aber ich wäre dir dankbar, wenn du nicht allzu grummelig wärst. Es wird bestimmt schön. Zu tun gibt es allerdings auch noch einiges; der Baum, den du gestern geschlagen hast, ein schöner Baum übrigens, sollte nun aufgetaut sein; vermutlich werden ihn Veera und Matti schmücken wollen. Den Schinken werde ich bald panieren und die Aufläufe in den Ofen schieben. Das Wetter soll klar sein, ab morgen. Das ist gut, dann können die Kinder draußen herumtoben. Sonst wird es rasch eng. Du könntest mit ihnen ein großes Schneehaus bauen, wo sind eigentlich die Langlaufskier? Hoffentlich verbringen wir friedliche Tage. Mit Juhani ist es nicht immer einfach, manchmal trinkt er zu viel, und Thomas ist manchmal grummelig wie du, wenn Familienfeste zu lange dauern.

Ich würde gerne noch sitzen bleiben, aber ich muss zurück in die Küche. Bleibst du noch?»

«Hmm.»

«Soll ich dir ein Bier bringen?»
«Joo.»

«Man kann sagen, was man will – den besten Glögi der Welt gibt's hier.»

«Mehr Wodka?»

«Mehr Wodka!»

«Und du?»

«Joo.»

Eine Sauna am Fuß des Korvatunturi in Lappland, ein Steinwurf von der russischen Grenze entfernt. Draußen herrscht hektischer Betrieb. Fackeln, Feuer und Kerzen machen die Nacht zum Tag. Hunderte von Wichteln wieseln herum, beladen mit Paketen, Decken, Kraftfutter für Rentiere, ständig und überall spucken Mobiltelefone ihre Klingeltöne, nervöse Weihnachtsmelodien, aus, im 30-Sekunden-Takt landen und starten Weihnachtsmänner auf der vereisten Landepiste für Rentierschlitten, erschöpfte und durchgefrorene Nikoläuse stolpern in die Kantine oder eine der vielen Saunen.

In der Sauna ist von dieser Betriebsamkeit nichts zu spüren. Dunkel ist es, still und heiß, sehr heiß. Das Feuer knistert, der Ofen bullert, die drei weißbärtigen Männer ächzen genießerisch, und der Duft ihres Glögis, des finnischen Glühweins, den sie aus großen, mit Rentiermotiven geschmückten Bechern schlürfen, erfüllt den schummrigen Raum.

«Wo wart Ihr bisher unterwegs?»

«Ich war in Ostrobottnien. Ein unangenehmer Tag, findet ihr nicht auch? In Küstennähe lagen die Wolken so tief, dass ich streckenweise die Orientierung verlor; eine kleine Ortschaft habe ich trotz Navi überflogen.»

«Auch die Südküste war bewölkt, zwischen Turku und Hanko. GPS ist doch Humbug, ich vertraue nach wie vor lieber meinem Rentier.»

«Und du?»

«Lappland, von Norwegen bis Russland.»

«Brrr!»

«Und wie. Mir ist immer noch kalt. Schmeiß noch ein paar Kellen Wasser auf die Kiuas, Niilo!»

Während die glühende Wasserdampfwelle durch die Sauna wallt, schweigen die drei Männer und fächeln sich mit ihren langen Bärten heiße Luft zu.

«Hyvä Sauna, eine gute Sauna.»

«Ein Toast auf Sauna und Glögi! Wie würden wir diesen Tag ohne Sauna zwischen unseren Fahrten durchstehen? Hätten die Christen Weihnachten bloß auf Mittsommer gelegt!»

«Vergiss die Wichtel nicht, Nick, ein Toast auf unsere Tonttus, die frische Rentiere an unsere Schlitten schirren, die Kufen wachsen, trockene Decken bringen, die Pakete verstauen, die Thermoskannen mit Glögi füllen, unsere

Smartphones laden und die nächsten Routen in unser GPS eintippen ... Ohne sie wären wir aufgeschmissen!»

«Die Zeiten haben sich geändert, früher war alles einfacher.»

«Und noch früher war ohnehin alles ganz anders.»

Niilo erhebt sich und schlurft aus der Sauna.

«Hat der alte Niilo tatsächlich Fell auf dem Rücken?»

«Ja, warum?»

«Nun, ich habe noch nie einen Weihnachtsmann mit Fell gesehen, ich meine, einen der wirklich alten Weihnachtsmänner, einen echten Joulupukki.»

«Es gibt mehr von ihnen, als du denkst.»

«Tatsächlich? Er muss mindestens fünfhundert Jahre alt sein!»

«Vermutlich ist er noch älter, frag ihn doch selber.»

«Und du, Niko, seit wann bist du ein Weihnachtsmann?»

«Seit 167 Jahren. Da war Weihnachten auch in Finnland längst ein christlicher Feiertag, aber trotzdem nannten uns die Finnen weiterhin Joulupukki, Julbock, nicht Weihnachtsmann oder Sankt Nikolaus wie überall sonst. Du bist neu, nicht wahr?»

«Es ist mein zweiter Winter. Ich war Postbote, doch als die Postdirektion von uns verlangte, nicht nur Pakete und Briefe auszutragen, sondern auch die Rasen unserer Kunden zu mähen und ihren Schnee zu schippen, habe ich gekündigt. Da kam das Stellenangebot vom Korvatunturi gerade richtig.»

«Und, gefällt's dir bei uns?»

«Ich habe mir den Job weniger anstrengend vorgestellt. Ich dachte, der Weihnachtsmann sei ein besserer, von Klein und Groß geliebter Paketpostbote und der Stress saisonal begrenzt. Aber die Umschulung im Weihnachtsmanndorf bei Rovaniemi hatte es in sich.»

«Was lernt Ihr denn heutzutage?»

«Geographie, Windströmungen und Klimafragen, Kinderpsychologie, Konfliktmanagement, Autoritätstraining, Orientierung in der Luft und auf dem Boden, Bartpflege, Rentierdressur, Fliegen, dazu kommen Sprachkurse und die Handhabung der neusten Simultanübersetzungssoftwares. Und dann die ganzen Akten, die man sich einprägen muss, die Kinderdossiers …»

«Das war nur der Anfang, Nick; jedes Jahr kommen mindestens zwei bis drei Weiterbildungen dazu.»

«Ich weiß, aber das ist okay; ich liebe es, als Weihnachtsmann unterwegs zu sein. Als Briefträger beglückt man höchstens Hunde. Aber diese leuchtenden Kinderaugen an Heiligabend, das entschädigt für vieles.»

«Auch daran wirst du dich gewöhnen, und irgendwann …»

«Irgendwann was?»

«Nun, immer die gleichen Wünsche, die gleichen Lieder, die gleichen Verse. *Joulupukki, joulupukki, valkoparta vanha ukki* … Heute darf man den Kindern nicht einmal mehr ein kleines bisschen Angst einjagen, es könnte die Sensibelchen ja traumatisieren! In ein paar Jahren siehst du auch in den leuchtendsten Augen erste Zweifel an deiner Existenz – und Heuchelei: Trotz ihrer Zweifel wollen sie noch an dich glauben, um nicht zu riskieren, dass du ihnen die Geschenke nicht gibst … Warum haben so viele von uns ein Alkoholproblem oder futtern die für ihre Rentiere vorgesehenen Aufputschmittel?»

Der alte Niilo kehrt in die Sauna zurück. Wassertropfen glänzen auf seinem dampfenden Fell. Er schüttet mehrere Kellen Wasser auf die Steine. Es verdampft mit einem scharfen Zischen. Die Hitze fühlt sich an wie Glut. Niilo ergreift die Rute und schlägt sich damit auf Schenkel, Bauch und Rücken.

«Du bist ein Joulupukki, ich meine, ein echter Julbock?»

Niilo nickt bedächtig.

«Wie alt bist du denn?»

Niilo schweigt.

Dann: «Sagen wir mal, ich war schon da, als die Finnen die ersten schwedischen Missionare erschlagen haben.»

«Tatsächlich?!»

«Joo.»

Der Alte schweigt wieder. Dann: «Wir lebten noch an der Seite der alten Götter, und niemand sprach von Jesus und Christkind. Aber Jule wurde hier im Norden schon immer gefeiert, nur begrüßten wir nicht die Geburt eines Erlösers, sondern die Wintersonnenwende: Riesige Feuer loderten in der Nacht, es wurde getanzt, gefressen, gesoffen, zwölf Tage und zwölf Nächte lang, und wir Julböcke standen im Mittelpunkt: Wir erschreckten die Männer und neckten die Frauen, wir stifteten Verwirrung, wir sorgten für Chaos, wir verkörperten Freiheit und Fruchtbarkeit. Das Wissen, dass die Hälfte des Winters überstanden war, brachte die Körpersäfte zum Fließen …»

«Stellt euch vor, wir würden uns heute an junge Frauen ranmachen. Der Alte würde fuchsteufelswild; da ist er strenger als die Kirche. Wir seien Weihnachtsmänner, hat er im Kurs gesagt, keine Priester …»

«Allenfalls mal eine alleinerziehende Mutter beglücken, wenn die Kinder mit den neuen Spielsachen beschäftigt sind …»

«Ach, diese alleinerziehenden Mütter und der Weihnachtsmann, ist das nicht eine Legende? Sehen wir nicht deshalb aus wie 72 oder 73? Harmlos?»

«Ohnehin fehlt die Zeit. Nach der Bescherung reicht es knapp noch für einen Schnaps und einen halben Teller Steckrübenauflauf mit einer Scheibe Schinken, und dann müssen wir wieder los.»

«Navi und Smartphone verkleinern unseren Spielraum; der Alte weiß immer, wo wir sind und wie lange wir uns dort aufhalten.»

«Sagte ich doch, GPS ist Humbug.»

«Noch lange nach der Christianisierung kehrten wir am Stephanstag zurück, zum Tapanintanssi, und … nun, damals ging es nicht um Erlösung von Schuld und Sünde, sondern um die Rückkehr der Fruchtbarkeit. Unschuldige Empfängnis? Pah, das Gegenteil war gefragt.»

«Das ist lange her, Niilo …»

«Heute sitzen die Familien zusammen, tun lieb und friedlich. Joulu ist besinnlich statt sinnlich.»

«Wenigstens wurden die Julböcke hier nicht zu Knechten degradiert wie in Deutschland oder der Schweiz.»

Die Tür geht auf, ein vierter Weihnachtsmann betritt die Sauna; wie die anderen sieht auch er aus wie 72 oder 73.

«Klaus! Schön, dich zu sehen!»

«Puh!»

«Was ist los?»

«Einen doppelten Glögi bitte.»

«Doppelt?»

«Ja, mit viel.»

«Du siehst nicht gut aus, Klaus. Ist etwas passiert?»

«Ich komme direkt vom psychologischen Notdienst.»

«Auweia. Weshalb?»

«Eine Familienkrise. Eine Frau, bescheidene Verhältnisse, kleine Wohnung in einem Wohnblock am Rand von Kuopio, drei Kinder unter zehn Jahren, seit zwei Monaten von ihrem Ehemann getrennt. Dank ihres Dossiers wusste ich das, und ich habe mich auf eine emotionale Bescherung eingestellt. Aber alles ist entspannt und friedlich, die Kinder sagen ihre Verse auf, die Mutter wirkt so glücklich, mich zu sehen, dass ich mir schon, nun, Ihr wisst schon, gewisse Hoffnungen machte. Da poltert jemand an die Tür, nanu, sage ich mir, ist ein Kollege an der falschen Adresse – aber es ist der Vater, sturzbesoffen, mit einer geladenen Schrotflinte, er ballert gleich los – vermutlich hielt er mich für ihren Liebhaber …»

«Wenn die Menschen den Weihnachtsfrieden bloß beherzigen würden.»

«Das Fest der Liebe!»

«Ich habe letztes Jahr einen Selbstverteidigungskurs besucht, das kann ich nur empfehlen.»

«Früher war das einfacher: große Feuer, laute Musik, Saufen, Fressen, strömende Körpersäfte …»

«Wird das heutzutage nicht an Silvester gefeiert?»

«Mag sein, aber da sind wir nicht mehr da. Stell dir vor, wir würden an Silvester aufkreuzen, mit Bart und rotem Mantel. Weißbärtige Großväter, das sind wir. Wie cool ist das denn!?!»

«Wäre es nicht an der Zeit, ein neues Kostüm zu entwer-

231

fen? Selbst die Post hat ihre letzten Uniformen von einem Modedesigner gestalten lassen. Und diese Bärte …»

«Bärte seien wieder modern, habe ich mir sagen lassen.»

«Ja, aber nicht unsere Nikolausibärte!»

«Alkoholfahnenfilter, das ist die einzige sinnvolle Funktion dieses Barts.»

«Aber der Alte will nichts ändern. Man kann sich über Patchworkfamilien, alleinerziehende Eltern, Homo-Ehen mit adoptierten Kindern, kulturelle Diversität und was weiß ich den Mund fusslig reden – der sture Bock will nichts ändern. Auch die Verse und Lieder sind exakt dieselben wie schon immer. *Joulupukki, joulupukki, valkoparta vanha ukki* und so weiter, und was antworten wir?»

Alle zusammen: «*Kiitos, kiitos, kiltit lapset, kirkassilmät, silkohapset, terve teille, pienokaiset, leikkiväiset, laulavaiset.*»

«Wehe, wir ändern auch nur ein Wort!»

«Vielleicht hat er gar nicht so unrecht, der Alte. Zeitgemäß zieht an Weihnachten nicht, glaubt mir. Warum würden die Finnen sonst seit Jahrzehnten die gleichen Pfefferkekse und Rote-Beete-Salate futtern? Nein, die Kinder wollen den echten Weihnachtsmann mit seinem peinlichen Bart, sie wollen die Tonttus, die Rentierglöckchen. Und die Eltern wirken oft glücklicher als ihre Kinder, weil sie sich an die eigene Kindheit erinnern und sich freuen, dass ihre Kinder noch an den Weihnachtsmann glauben.»

«Warum fallen die Menschen eines Tages eigentlich unweigerlich vom Glauben an uns ab? Wer redet ihnen ein, dass es uns nicht gibt?»

«Das ist das große Rätsel, Klaus, niemand kann es sich erklären, aber damit müssen wir leben.»

Die Saunatür geht auf, ein Tonttu lugt durch den Spalt.

«Niilo und Niko, eure Schlitten sind bereit; in zehn Minuten seid ihr startklar.»

«Joo.»

«Wohin geht's als Nächstes?»

«Ich bleibe in Finnland, Südkarelien, Lappeenranta, Mikkeli, diese Gegend.»

«Und du, Niko?»

«Helsinki.»

«Guten Flug!»

«Kiitos, hyvää joulua kaikille!»

Heiligabend, 16 Uhr 30
Eine kleine Ortschaft in Südkarelien
Thomas (Vater), Veera (Tochter), Matti (Sohn)

«Papi, wann kommt Joulupukki endlich?»

«Wie lange müssen wir noch warten?»

«Und sein Rentier, werden wir auch sein Rentier sehen?»

«Ich möchte es so gerne streicheln, bestimmt ist sein Fell ganz flauschig.»

Weihnachten in Finnland. Die traditionelle Vater-Kinder-Sauna an Heiligabend. Sie gehört dazu wie der Bart zum Weihnachtsmann. Der Vater schwitzt mit den Kindern, damit die Mutter mit ihrer Mutter in Ruhe das Essen vorbereiten kann, wie es ihre Mutter schon mit ihrer Mutter getan hat und diese mit der ihren. In meiner Kindheit gingen wir nachmittags mit unserem Vater ins Kino oder ins Theater; hier, auf dem Dorf, gibt's weder Kino noch Theater, aber dafür eine kinderfreundlich temperierte Sauna.

«Wird er uns die Geschenke selber geben? Nicht so wie zu Hause in der Schweiz, wo er sie bloß vor die Haustüre stellt?»

«Wenn er Zeit hat … Könnt Ihr das Gedicht noch?»

«Natürlich!»

«Na?»

«Joulupukki, joulupukki, valkoparta vanha ukki/Eikö taakka paina selkää? Käypä tänne, emme pelkää!»

Weihnachten in Finnland. Die rituelle Sauna an Heiligabend. Sie gehört dazu wie der Johannisbeersaft im Glögi. Die letzte, porentiefe Reinigung, das Ausschwitzen unserer Sünden, die Absolution durch glühenden Wasserdampf. Die Sauna ersetzt die Weihnachtsmesse. Vom Löyly gereinigt und gesalbt, können wir guten Gewissens die Stille Nacht, Heilige Nacht ansteuern. Jouluyö, Juhlayö, niemand schläft, alles schwitzt, in der heißen, hochheil'gen Sauna …

«Du hast gesagt, Joulupukki kommt am Abend, und es ist doch schon lange dunkel!»

«Ja, in Finnland wird es früher dunkel als in der Schweiz, aber glaub mir, Matti, es ist noch Nachmittag.»

«Aber wann kommt er endlich?»

«Hat er Mummi Tuijas Haus vielleicht übersehen?»

Wie überall feiert man auch in Finnland nicht so sehr Christi Geburt als die Macht der Tradition. So streng reguliert wie in Finnland ist Weihnachten allerdings in keinem anderen mir bekannten Land, zumindest kulinarisch.

Der Tag beginnt mit Haferbrei, in dem eine Mandel versteckt ist; wer sich an der Mandel einen Zahn ausbeißt, dem steht ein glückliches Jahr bevor. In Familien mit zwei Kindern ist es ratsam, in zwei Mandeln zu investieren. Nur so kann der Weihnachtsfrieden, der Punkt 12 Uhr mittags in Turku ausgerufen und live an Radio und Fernsehen übertragen wird, gewahrt werden.

Später explodiert in jedem Haushalt zwischen Utsjoki und Hanko, Vaasa und Ilomantsi die gleiche olfaktorische Bombe: das gesetzlich vorgeschriebene Weihnachtsmahl, eingeläutet von literweise heißem Glögi, dem finnischen Glühwein, gebraut aus Rotwein, Johannisbeersaft, Zimt, Nelken und nach Belieben gewürzt mit Wodka.

Der Glögidampf vermischt sich mit den Ausdünstungen des tagelang in einer Pökellauge marinierten und dann stundenlang vor sich hin köchelnden Schinkens. Kein Schinkli oder Schüfeli wie in der Schweiz, sondern ein echter Schinken ohne Diminutiv, komplett mit Knochen und Schwarte, mindestens zehn Kilo schwer. Vermutlich säbelt Tuija gerade die mit Nelken gespickte Schwarte ab und bestreicht das rosafarbene Fleisch mit einer Paste aus Paniermehl, Ei, Senf und Zucker – und dann wird sie den Joulukinkku in den Ofen schieben und goldgelb backen.

«Werden wir das Rentier füttern dürfen? Was essen Rentiere gerne?»

«Papi, dauert es noch lang?»

«Nach der Sauna ist's so weit, habt ihr den Baum eigentlich geschmückt?»

«Nö, noch nicht ganz.»

«Das müsst Ihr natürlich noch tun, sonst ist Joulupukki nicht zufrieden.»

«Müssen wir noch lange in die Sauna?»

«Möchtest du nicht ein bisschen Löyly machen, Matti?»

Den Heringssalat, Sillisalaatti, habe ich auch gleich beim Eintreten gerochen; davon warten mindestens zwei große Schüsseln auf uns; seine scharfen Geruchsspitzen vermählen sich aufs Disharmonischste mit dem Schinkenbouquet. Daneben wartet eine Schüssel Rote-Beete-Salat, den die meisten verschmähen werden. Und bald werden wir wie aus dem Hinterhalt von den schweren Gerüchen schwerer Aufläufe überwältigt werden, drei an der Zahl, auch sie gesetzlich vorgeschrieben: Steckrübenauflauf, Kartoffel-Zwiebel-Auflauf, Möhrenauflauf. Weniger dürfen es nicht sein, weniger gilt als Häresie, der Weihnachtsmann riecht's, macht einen Bogen um das Haus und schickt dafür die Weihnachtspolizei.

Als wäre das nicht genug, wird zum Nachtisch nicht etwa Fruchtsalat aus aufgetauten Heidel- und Preiselbeeren oder erfrischendes Erdbeersorbet gereicht – nein, da wird eine weitere Kalorienbombe gezündet, süßer Milchreis mit zähflüssigem Preiselbeersaft. Dazu Hefegebäck, die berühmte Pulla, und Pfefferkekse, bergeweise Piparkakkus mit ihrem unverwechselbaren Ingwer-Kardamom-Zimt-Geschmack. Das wird mit säuerlichem Filterkaffee hinuntergespült, es sei denn, man zieht es vor, aufzuhören, wie man begonnen

hat: mit Glögi, diesmal verdauungsförderlich noch groß-
zügiger mit Wodka verdünnt. Das Heiligabendmahl ist der
kulinarische Höhepunkt in einem kulinarisch ansonsten
eher, sagen wir mal, gleichgültigen Land.

Wenn wir die Feiertage in der Schweiz verbringen, kocht
Riikka das Gleiche in ähnlicher Üppigkeit. Das gehöre sich
so, sagt sie, das sei schon immer so gewesen, seit Generationen, seit Jahrhunderten, sagt sie, und es sei völlig egal,
ob die Kinder das mögen oder nicht. Zumindest habe ich
durchgesetzt, dass wir uns mit einem Schüfeli und maximal
zwei Aufläufen bescheiden und auf den Rote-Beete-Salat
verzichten und dass die Kinder neben den *Piparkakkus*
auch Mailänderli, Zimtsterne und Chräbeli backen dürfen.
Keksevielfalt ist ein Kinderrecht.

«Weiß Joulupukki überhaupt, dass wir in Finnland sind und
nicht zu Hause in der Schweiz?»

«Das habt ihr ihm doch in euren Wunschzetteln mit-
geteilt.»

«Was ist, wenn er sie nicht bekommen hat?»

«Die Tonttus haben unsere Briefe abgeholt, Matti, sie
haben die Schokoladenkekse gegessen und die Milch getrunken, die wir vor das Fenster gestellt haben!»

Die Tonttus sind Joulupukkis Wichtel. In der Adventszeit
sausen sie durch die Welt und sammeln die Wünsche der
Kinder ein, dann fabrizieren sie in den rund um den Korvatunturi liegenden Manufakturen des Weihnachtsmanns
die Geschenke.

«Gianluca hat gesagt, der Weihnachtsmann bestelle die
Geschenke im Internet.»

«Bekommen wir auch sicher die Geschenke, die wir uns gewünscht haben? Letztes Jahr hat ja nicht alles geklappt.»

Ist Veera nicht ein bisschen zu alt, um noch an den Weihnachtsmann zu glauben? Oder tut sie es aus Rücksicht auf Matti? Oder *will* sie einfach dran glauben, aus Angst vor den geschenktechnischen Konsequenzen im Fall einer Glaubenskrise?

«Das liegt im Ermessen Joulupukkis. Falls Ihr im vergangenen Jahr wirklich brav wart …»

«O ja, das waren wir, oder etwa nicht, was findest du, Papi, waren wir brav genug?»

Leise rieselt der Schnee, still und starr ruht der See, weihnachtlich glänzet der Wald. Weihnachten in Finnland ist weiß. Das spärliche, von der Weihnachtsbeleuchtung verstärkte Tageslicht wird durch sein kühles Echo in Schnee und Eis verdoppelt. Der Weihnachtsmann ist Finnlands größter Wohltäter. Er senkt sich just in dem Moment aus der Wolkendecke zu den Finnen herab, als sie die Hoffnung auf eine Rückkehr des Lichts aufgeben wollen. Für die Finnen ist Weihnachten so wichtig, dass sie den Dezember Joulukuu nennen, Weihnachtsmonat. Und weil ein Weihnachtsfest nicht ausreicht, feiern die Finnen den ganzen Monat lang «kleine Weihnachten», Pikkujoulus, mit Freunden, Arbeitskollegen, Vereinskameraden, Mitstudenten, Unbekannten und anderen. Im Kampf gegen die zwei großen Ds des finnischen Winters, Dunkelheit und Depression, ist alles erlaubt, und so hangelt man sich von reichlich begossenem Fest zu reichlich begossenem Fest bis zur Wintersonnenwende.

«Sind die Tonttus eigentlich immer in unserer Nähe?»

«Warum?»

«Wie sollen sie sonst wissen, ob wir brav waren oder nicht? Der Weihnachtsmann kann ja nicht gleichzeitig überall sein.»

«Das mag sein, Matti, aber er lebt am Fuß des Korvatunturi, des Ohrenbergs. Dieser Berg ist wie ein großes Ohr. So hört er, was auf der ganzen Welt passiert.»

«Ich möchte Joulupukki mal besuchen! Und seine Tonttus!»

«Das ist nicht einfach, Veera; der Korvatunturi liegt weit oben im Norden, in Lappland, an der Grenze zu Russland, und man kommt nur mit dem Rentierschlitten dahin. Das dauert sehr lang, deshalb hat der Weihnachtsmann fliegende Rentiere. Und dort hat es im Winter viele Wölfe und Bären …»

«Wölfe! Cool!»

Die heidnischen Wurzeln von Weihnachten habe ich erst in Finnland so richtig durchschaut. Seither habe ich den Verdacht, dass Weihnachten ein finnischer Feiertag ist. Vermutlich war ein Finne Mitglied der frühchristlichen Task-Force, die nach einem Datum für Christi Geburtstag suchte. Obschon der historische Jesus wahrscheinlich im Sommer geboren wurde, wäre es unsinnig, ja zwecklos gewesen, seinen Geburtstag an Mittsommer zu feiern; Juhannus feiert sich von selber, da benötigt niemand Hoffnung. Im Winter schon, und welcher Moment verkörpert das Prinzip Hoffnung besser als die Wintersonnenwende?

In den meisten christlichen Ländern hat die Geburt des

Erlösers die Wintersonnenwende überlagert, die wenigsten sind sich bewusst, was eigentlich gefeiert wird. Gut, die meisten feiern die Geschenke, aber das ist eine andere Geschichte. In Finnland jedoch feiern die Menschen in Wahrheit immer noch die Rückkehr der längeren Tage. Das ist wichtiger als Jesus. Wichtiger sogar als die Geschenke.

Diese finnische Aufrichtigkeit schätze ich. Die alten Finnen machten sich gar nicht erst die Mühe, sich für Weihnachten einen neuen, christlich inspirierten Namen auszudenken, um ihren heidnischen Ursprung zu vertuschen. Joulu hieß im Norden die Zeit der Wintersonnenwende seit Urzeiten, Jule oder Yule, und der finnische Weihnachtsmann ist nicht nach einem exotischen Heiligen mit einer suspekten Vorliebe für Kinder benannt, sondern behielt seinen alten Namen: Der Julbock war der Star der Julzeit und die Verkörperung männlicher Fruchtbarkeit an der Seite nordischer Götter. Bei uns wurde die Ziege zur Kreatur des Teufels und der Julbock zum Knecht an Nikolausis Seite degradiert, zu Ruprecht, Schmutzli oder Krampus; in Finnland ist der Julbock, wenn auch in menschlicher Form, der Chef geblieben ...

Was riecht da so?

Es muss der Schinken sein. Die Aufläufe. Die Gerüche dringen nun auch in die Sauna. Unsere Schonzeit ist abgelaufen, wir müssen uns Weihnachten stellen. Familie. Zu viel Essen. Dichtestress im vollen Haus. Fehlende Fluchtmöglichkeiten wegen der aggressiven Kälte. Die ganze Bandbreite von Spannungen zwischen Liebe, Friede und Streit. Das ist nicht finnlandspezifisch, das ist universal. Typisch finnisch sind jedoch diese Essensgerüchte.

«Müsste Joulupukki dieses Jahr nicht früher kommen als sonst, wenn wir in der Schweiz feiern?»

«Warum?»

«Er wohnt doch in Finnland; sein Weg ist viel kürzer!»

«Mir ist langweilig.»

«Mir auch.»

«Sollen wir raus, in den Schnee? Vielleicht hören wir die Glöckchen seines Schlittens.»

«O ja.»

«Halt, halt, Kinder, vorher müssen wir uns mit einem letzten Aufguss bei den Tonttus bedanken, für alles, was sie für uns machen. Möchtet ihr euch diesen Aufguss teilen? Jeder von euch eine Kelle Wasser?»

✧

Silvester, 23 Uhr 47
Helsinki
Thomas

Dass «Dinner for One» auch in Finnland Kult ist und Jahr für Jahr im Silvesterprogramm des finnischen Fernsehens wiederholt wird, hat mir den Rest gegeben. Es gibt Formen der Globalisierung, denen man sich einfach verweigern muss. Aber wie man es dreht und wendet, Silvester ist überall gleich, die Menschen treiben euphorisch (warum eigentlich?) das alte Jahr aus, sie steuern (warum eigentlich euphorisch?) das neue Jahr an und ertränken jegliches Aufzucken von Zweifel oder Skepsis großzügig mit Alkohol. Ob die Finnen konsequentere Silvestersäufer sind als die Schweizer oder die Deutschen? Sie würden es zweifellos behaupten, ich bin mir aber nicht so sicher. Ein sichtbarer Unterschied sind jedoch die Straßenverhältnisse: Die vereisten Gehsteige führen an Silvester zu besonders possierlichen Balanceakten, Balletteinlagen und Aufprallen im neuen Jahr.

Wenn man Silvester nicht mag, dann mag man Silvester nirgendwo. In Finnland gibt es einen zusätzlichen Grund, Silvester nicht zu mögen: Man könnte den Jahreswechsel gleich zweimal feiern, an der finnisch-schwedischen Grenze in Lappland. Die geographische Grenze trennt Nordeuropa auch in zwei Zeitzonen; besoffen sieht man nicht nur alles doppelt, sondern man feiert auch doppelt. Riikka hat mich mit dem Vorschlag erschreckt, Silvester in Tornio zu verbringen, um das neue Jahr in Tornios schwedischer Zwillingsschwestergemeinde Haparanda gleich ein zweites Mal zu begrüßen und begießen – oder umgekehrt, zuerst in Haparanda und dann Tornio, ich bin nicht ganz sicher, diese Zeitzonen finde ich immer etwas verwirrend.

Zwei Jahreswechsel in einer Nacht? Zweimal Vorsätze und Wunschträume, die man zweimal mit Alkohol wegspülen muss, um sie umgehend zu vergessen? Für mich ist schon ein Jahreswechsel zu viel. Riikka hat sich glücklicherweise nur einen Scherz auf Kosten meiner Silvesterphobie geleistet; wir sind in Helsinki geblieben, in der Wohnung ihrer Schwester Jenni, die mit ihrer Familie nach Mallorca geflogen ist. Nun zieht Riikka mit Freunden durch die Nacht, während ich mit den Kindern zu Hause bleibe.

Kinder sind die beste Entschuldigung, um Silvester passiv überstehen zu dürfen und sich bestenfalls noch vor Mitternacht ins Bett zu verkriechen, die Ohren mit Stöpseln abgedichtet. Bis sie, die Kinder, alt genug sind, um darauf zu bestehen, Mitternacht abzuwarten, am liebsten in Tornio und Haparanda.

Löyly. Aah. Gleich fünf Schöpfkellen. Endlich mal keine kinderfreundlich temperierte Sauna … Die Kinder schlafen, und ich genieße die Glut. Das alte Jahr ausschwitzen, um Platz für das Neue zu schaffen …

Die vergangene Woche war hektisch. Weihnachten auf dem Land bei den Schwiegereltern und der Tanznachmittag am Stephanstag; dann klapperten wir Riikkas Verwandte und Freunde ab, bei allen gab's viel zu essen und zu trinken, Schinken und Aufläufe und Heringssalat, die vor sich hin gammelnden Reste von Weihnachten. Nur den Kindern wurde dann und wann ein Teller Pasta vorgesetzt, damit sie nicht ganz vom Fleisch fielen. Überall wurden festlich-friedliche Stimmungen vorgegaukelt, aber die überfressenen Kinder waren schwierig zu kontrollieren, und die ersten Geschenke gingen in die Brüche. Die Wohnungen waren zu eng und zu warm, überall lagen Minen herum, die nur auf ein falsches Wort warteten, um hochzugehen, überall schwelende Konflikte und Spannungen, Bürgerkriege im Kleinen. Die Temperaturen waren aber zu eisig zum Lange-draußen-Verweilen und Im-Schnee-Spielen, ach, Feiertage sind anstrengend, vermutlich *müssen* sie so laut sein, man muss sich ablenken, um sie durchzustehen.

Draußen kracht und böllert es, die Finnen dürfen an Silvester acht Stunden lang feuerwerken, von 18 bis zwei

Uhr, und müssen dabei Schutzbrillen tragen. Diese extravaganten Brillen passen bestens zu ihrer Vorliebe für «lustige» Silvesterkopfbedeckungen. Wahrscheinlich trägt Riikka jetzt auch einen putzigen Hut und hopst kreischend zu schlechter Musik herum. In Finnland ist es wie überall: Wenn viele Menschen laut feiern wollen, einigen sie sich freiwillig auf schlechte Mitgrölmucke, in Finnland ist das entweder Humppa oder Hardrock.

Wie angenehm ist dagegen die Sauna. Alles bleibt draußen. Bullern statt Böllern. Bis auf das leise Bullern des Ofens ist es still; das Feuer flackert und wirft ein gespenstisches Lichtspiel auf die Wände. Und, an Silvester besonders wichtig, die Zeit ist aufgehoben, sie spielt keine Rolle, ich weiß nicht, wie viel Uhr ist und in welchem Jahr ich mich befinde. Leere, Stille, Einsamkeit; warum feiern nicht alle Menschen Silvester so, als Moment der melancholischen und nachdenklichen Ruhe, des selbstkritischen Blicks nach innen?

So stellte ich mir Silvester in Finnland vor, als ich den Jahreswechsel zum ersten Mal hier verbrachte, mit Riikka, ganz am Anfang unserer Beziehung: Die schweigsamen Finnen sitzen am Tisch, stieren sprachlos in ihre Gläser, lassen das alte Jahr Revue passieren (das alte Jahr war doch ganz okay) und wagen einen Blick ins neue Jahr (das neue Jahr wird vermutlich auch ganz okay sein). So macht sich jeder und jede seine Gedanken, behält sie aber für sich, und wer sich keine Gedanken macht, behält das auch für sich.

Aber nein, auch Finnland vibriert unter einer lärmig zur Schau gestellten Fröhlichkeit. Aber wenigstens wird man hier nicht wie ein Aussätziger behandelt, wenn man in diese Lustigkeit nicht einstimmen will.

Der frühe Abend war schön, das will ich nicht bestreiten. Wir verköstigten uns mit Kartoffelsalat und Pommes, mit den letzten Weihnachtsschinkenscheiben, Würstchen und Fleischklößen, und dann gossen wir Blei. Mattis Bleistück war lang und fein, zunächst war er enttäuscht, weil es nach nichts aussah, dann identifizierte er einen Piratensäbel. Oder ein Laserschwert. Oder beides. Das neue Jahr werde aufregend, voller «Kämpfe», trompetete er mit strahlenden Augen. Matti ist sechs, er liebt das. Veeras Bleistück hingegen, betrachtet aus einer ganz bestimmten Perspektive, war herzförmig – als ich sie darauf hinwies, errötete sie. Beginnt nun das schon? Ich dachte, wir hätten diesbezüglich noch ein paar Jahre Ruhe …

Ich fischte einen unförmigen Klumpen aus dem Wasser; Matti behauptete, es sähe aus wie ein Auto; vermutlich möchte er, dass wir uns ein Auto anschaffen. Ich behauptete, es sähe aus wie ein Goldnugget, und deshalb würde ich den nächsten Sommer in Lemmenjoki verbringen und Gold schürfen. Riikka prustete los, aber ich entgegnete, oh doch, und während ihr nächsten Sommer im Sommerhaus seid, schürfe ich Gold in Lemmenjoki. Er wolle auch mitkommen, schrie Matti, er habe in einem Museum mal Gold gewaschen und wisse genau, wie das gehe! Derweil untersuchte Veera Riikkas Bleistück und fand, es sähe aus wie ein Kind im Bauch, und nun freut sie sich auf eine kleine Schwester. Na ja, wir werden ja sehen, was das neue Jahr alles so bringt, vermutlich wird es ganz okay. Ich unterbrach unsere Zukunftsschwärmereien mit einer Tischbombe voll drolliger Hüte, und wir hüpften zu alten Humppas und Jenkas (aber nicht zu Hardrock) durch die Wohnung. Wir wünschten uns ein gutes neues Jahr, Riikka ging zu ihren Freunden, ich brachte die Kinder in die Heia und verkroch mich in die Sauna.

Wenn das nicht die schönste Silvesternacht meines Lebens ist!

Hyvää uutta vuotta kaikille!

Glögi (finnischer Glühwein)

Zutaten:
2 l Rotwein
200 ml Johannisbeersaft
10 Nelken
2 Zimtstangen
200 g Zucker
½ Zitrone
100 g geschälte Mandeln
100 g Sultaninen

Zubereitung:
Rotwein, Johannisbeersaft, Nelken, Zimtstangen, Zucker, Sultaninen und die Zitrone am besten schon am Vorabend in einem großen Topf erhitzen, aber nicht kochen lassen. Den Glögi vor dem Trinken erhitzen, durch ein Sieb in Tassen und Gläser füllen und Mandeln und Rosinen dazugeben. Nach Belieben mit Kardamom würzen oder mit Wodka verstärken.

Weihnachtslied

(Singen zur Melodie von «Stille Nacht, heilige Nacht»)

Jouluyö, juhlayö!
Päättynyt kaik on työ.
Kaks vain valveil on puolisoa
lapsen herttaisen nukkuessa
seimikätkyessään,
seimikätkyessään.

Jouluyö, juhlayö!
Paimenil yksin työ.
Enkel taivaasta ilmoitti heill':
Suuri koittanut riemu on teill'!
Kristus syntynyt on,
Kristus syntynyt on!!

Jouluyö, juhlayö!
Täytetty nyt on työ.
Olkoon kunnia Jumalalle!
Maassa rauha, myös ihmisille
olkoon suosio suur,
olkoon suosio suur!

Die Autoren

Renate Bergmann, geborene Strelemann, wohnhaft in Berlin. Trümmerfrau, Reichsbahnerin, Haushaltsprofi und vierfach verwitwet. Seit Anfang 2013 erobert sie Twitter mit ihren absolut treffsicheren An- und Einsichten. 2014 erschien im Rowohlt Verlag ihr erstes Buch *Ich bin nicht süß, ich hab bloß Zucker*, drei weitere folgten. Im Juli 2016 erschien ihr neues Buch *Wer erbt, muss auch gießen*.

Harald Braun, geboren 1960, lebt als Autor und Fußball-gelehrter in Holstein. 2011 erschien bei Rowohlt sein Buch *Deutschland umsonst reloaded. Zu Fuß und ohne Geld unterwegs*. Sein Roman *Scheunenherzen* erschien 2014 (Bastei Lübbe).

Dietrich Faber wurde 1969 geboren. Bekannt wurde er als ein Teil des mehrfach preisgekrönten Kabarett-Duos FaberhaftGuth. Seine Lesungen und Buchshows zu seinen Romanen um den wenig charismatischen Kommissar Bröhmann wurden zu Bühnenereignissen. Der Autor lebt mit seiner Familie in der Mittelhessenmetropole Gießen. Bei Rowohlt erschien zuletzt ein weiterer Kriminalroman mit Kommissar Bröhmann, *Schneller, Weiter, Toter* (2015). www.dietrichfaber.de

Christian Gasser wurde 1963 in Bern geboren, lebt und arbeitet als freier Autor und Hochschuldozent in der Schweiz, verbringt aber jeden Sommer mehrere Wochen in der finnischen Wildnis. Er ist mit einer Finnin verheiratet und hat zwei Kinder, die längst besser Finnisch sprechen als er. Er ist Mitherausgeber des Comic-Magazins STRAPAZIN und mehrfach preisgekrönter Hörspiel- und Feature-Autor. 2014 erschien im Rowohlt Verlag sein Roman *Rakkaus (finnisch: Liebe)*.

Tobi Katze, geboren 1981, schreibt Kurzgeschichten, Essays, Gedichte und Drehbücher. 2009 schloss er sein Studium der Literatur- und Kulturwissenschaften ab. Seit mehr als zehn Jahren tritt er auf Poetry Slams und Lesebühnen auf. 2007 gewann er den LesArt-Preis der jungen Literatur und 2014 den Bielefelder Kabarettpreis für sein erstes Bühnenprogramm «rocknrollmitbuchstaben». Im Januar 2014 startete er auf stern.de sein Blog «Das Gegenteil von traurig» über Leben und Arbeit mit Depressionen. Bei Rowohlt erschien 2015 sein Buch *Morgen ist leider auch noch ein Tag. Irgendwie hatte ich von meiner Depression mehr erwartet.*

Tania Kibermanis, geboren 1972, lebt mit ihrem Sohn, einer Bulldogge und einer Dauerkarte für den besten Fußballverein der Welt auf St. Pauli. Nach ihrem Studium der Germanistik, Psychologie und Kunstgeschichte sowie Stationen als Fahrerin für Organtransporte, Theaterschauspielerin und Trickfilmsynchronsprecherin arbeitet sie seit 2004 als freie Autorin. Im Februar 2017 erscheint bei Rowohlt ihr Buch

Spleen Royale. Wunderliches aus der Welt einer Exzentrikerin.

Käthe Lachmann, bekannt als Komikerin, ist auch als Buchautorin tätig. Sie hat bisher drei Romane veröffentlicht (*Draußen nur Männchen, Ich bin nur noch hier, weil du auf mir liegst* und *Wenn zwei sich streiten, freut sich Brigitte*), außerdem verschiedene Kurzgeschichten und Geschenkbücher. Weihnachten fände sie mit einer Katze noch schöner, Silvester täte ihr die aber leid. Sie lebt in Hamburg.

Judith Luig schreibt am liebsten über Frauen und Männer und alles dazwischen. Sie studierte Literaturwissenschaften in Deutschland und Italien und lehrte englische Literatur an beiden Berliner Universitäten. Sie war Redakteurin bei der *taz* und Reporterin bei der *Welt am Sonntag*. Ihr erstes Buch *Breitbeiner. Warum wir Machos trotzdem mögen* erschien 2011. Bei Rowohlt erschien 2014 *Und jetzt alle noch mal aufs Klo. Wie meine beste Freundin Mutter wurde*. Ihr neues Buch wird von Liebeswerbungen handeln. Sie twittert auf twitter.com/luigologie.

Sandra Lüpkes kennt sich an der Nordsee und auf den Inseln bestens aus. Sie ist auf Juist aufgewachsen und war viele Jahre selbst Gastgeberin für Nordseeurlauber. Sie hat zwei Töchter und wohnt seit einigen Jahren mit dem Schriftsteller und Drehbuchautor Jürgen Kehrer in Münster. Zahlreiche Romane, Sachbücher, Drehbücher und Erzählungen hat Sandra Lüpkes bereits veröffentlicht. Zuletzt erschien bei Rowohlt ihr Roman *Inselträume* (2016).

Mia Morgowski ist gebürtige Hamburgerin. Viele Jahre hat sie als Graphik-Designerin in verschiedenen Werbeagenturen gearbeitet, bevor 2008 ihr Debütroman erschien: *Kein Sex ist auch keine Lösung*, war ein Bestseller und wurde erfolgreich fürs Kino verfilmt. Es folgten zahlreiche weitere Romane, die sich alle ihrem größten Hobby widmen: dem modernen Mann und seinen Macken. Denn Mia kennt sich aus mit Männern. Einen hat sie sogar geheiratet. Bei Rowohlt erschien zuletzt ihr Roman *So was hat ein Mann im Gefühl* (2015).

Tex Rubinowitz, geboren 1961 in Hannover, lebt seit 1984 als Witzezeichner, Maler, Musiker und Schriftsteller in Wien. 2014 erhielt er den Bachmann-Preis. Bei Rowohlt erschien 2015 sein Roman *Irma*.

Sören Sieg wurde geboren, wuchs auf, studierte, arbeitet und wohnt. Nähere Angaben müssen aus Rücksicht auf seine Familie leider unterbleiben. Seit 2012 schreibt er für die Rowohlt-Weihnachtsanthologie. Im August 2016 erschien sein elftes Buch *Die dünnen Jahre sind vorbei* bei Ullstein. (www.soerensieg.de)

Jessica Wagener, geboren 1977, arbeitete als freie Journalistin in Hamburg, u. a. für stern.de. 2014 erschien ihr erstes Buch *Narbenherz*. Ihr zweites Buch *Wir geben Opa nicht ins Heim!* erschien 2016. Seit 2015 lebt sie in Berlin, wo sie als Redakteurin bei ze.tt tätig ist. Sie bloggt auf www.jessyfromtheblog.de und twittert als @pseudonymphe und @die_enkelin.

Edgar Wilkening, Jahrgang 1959, schrieb schon komisch, als Comedy noch Kabarett hieß. Lebt in Hamburg auf St. Pauli. Bekam mit 24 seinen ersten Literaturpreis für komische Texte und blieb daraufhin dem satirischen Schreiben treu.

Jenni Zylka, geboren 1969, ist schon seit ewigen Zeiten freie Journalistin (u. a. für *taz*, *Tagesspiegel*, *rbb*, *Spiegel Online*, WDR, *Rolling Stone*), Drehbuchautorin, Moderatorin und Auswahlkommissarin für die Berlinale. Bei Rowohlt erschien 2003 ihr Roman *1000 neue Dinge, die man bei Schwerelosigkeit tun kann* und 2004 der Roman *Beat, Baby, Beat*.

Dietmar Bittrich (Hg.)
Diesmal bleiben wir bis Silvester!

Sind sie das etwa schon wieder? Tatsächlich! Unsere sabbelnde Cousine, die bissige Schwägerin, der trinkfeste Onkel ebenso wie der wortkarge Schwiegervater, die pubertierenden Nichten und Neffen und weitere bejammernswerte Mitglieder unserer Patchwork-Familie. Sie wollen feiern. Sie wollen satt werden auf unsere Kosten. Sie wollen unsere Vorräte plündern. Und sie haben richtig Zeit mitgebracht! Wie können wir sie vergraulen? Wie werden wir sie wieder los?

Leidgeprüfte Autoren berichten.

304 Seiten

Weitere Informationen finden Sie unter www.rowohlt.de